Frizzi Krella

Frizzi Krella

PARIS
9 Rue de l'Université

Mit einem Text von / avec un texte de / with text by
Jürgen Tietz

KERBER PHOTO

Jedes Kunstwerk ist ein Augenblick, jedes gelungene ein Einstand, momentanes Innehalten des Prozesses, als der es dem beharrlichen Auge sich offenbart.

Chaque œuvre d'art est un moment; chaque œuvre réussie est une entrée en matière, une pause momentanée dans le processus qui se révèle à l'œil persévérant.

Every work of art is an instant, every successful work a cessation, a momentary pause in the process as which it reveals itself to the peristent eye.

Theodor W. Adorno, Ästhetische Theorie, 1970

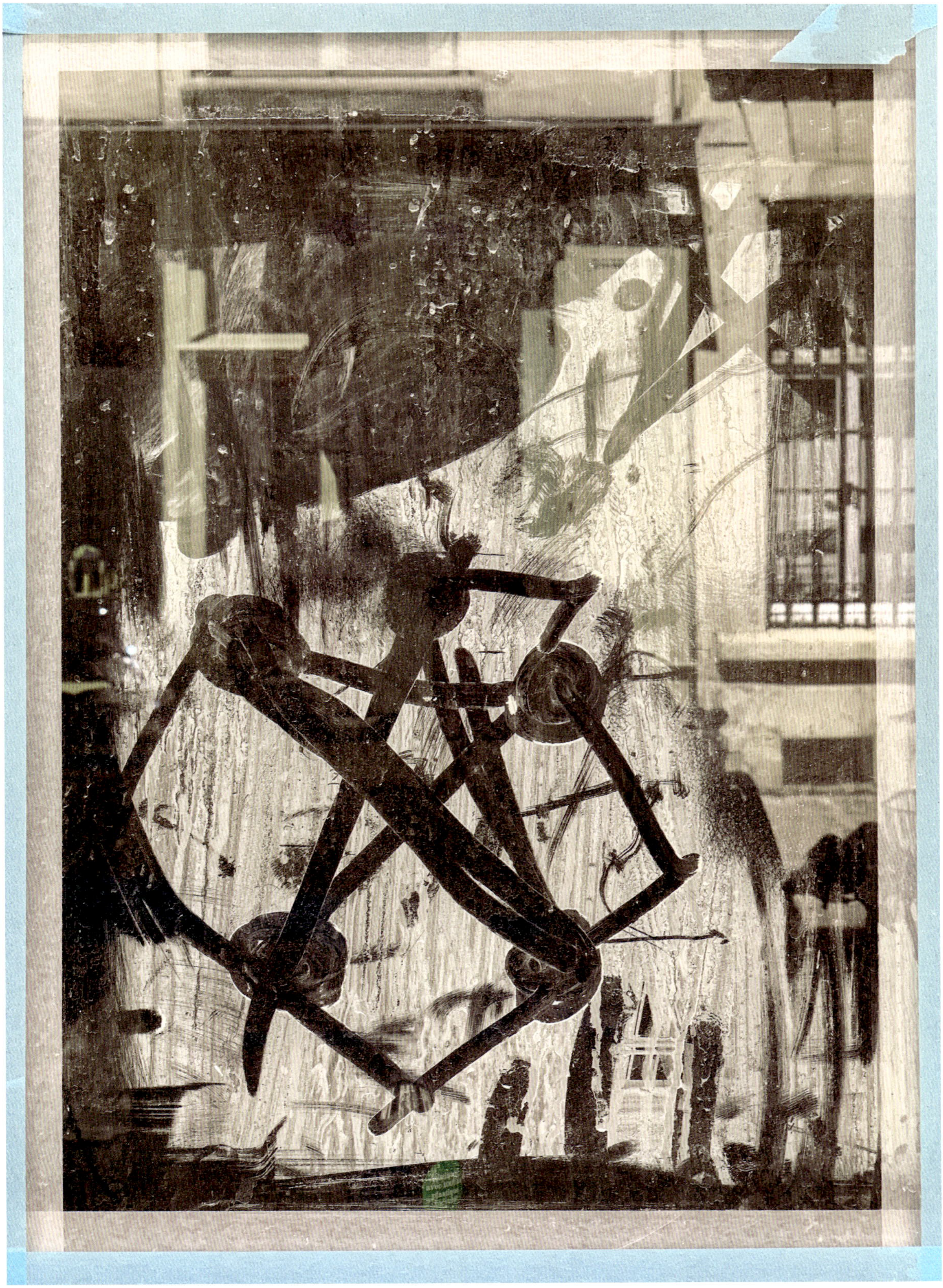

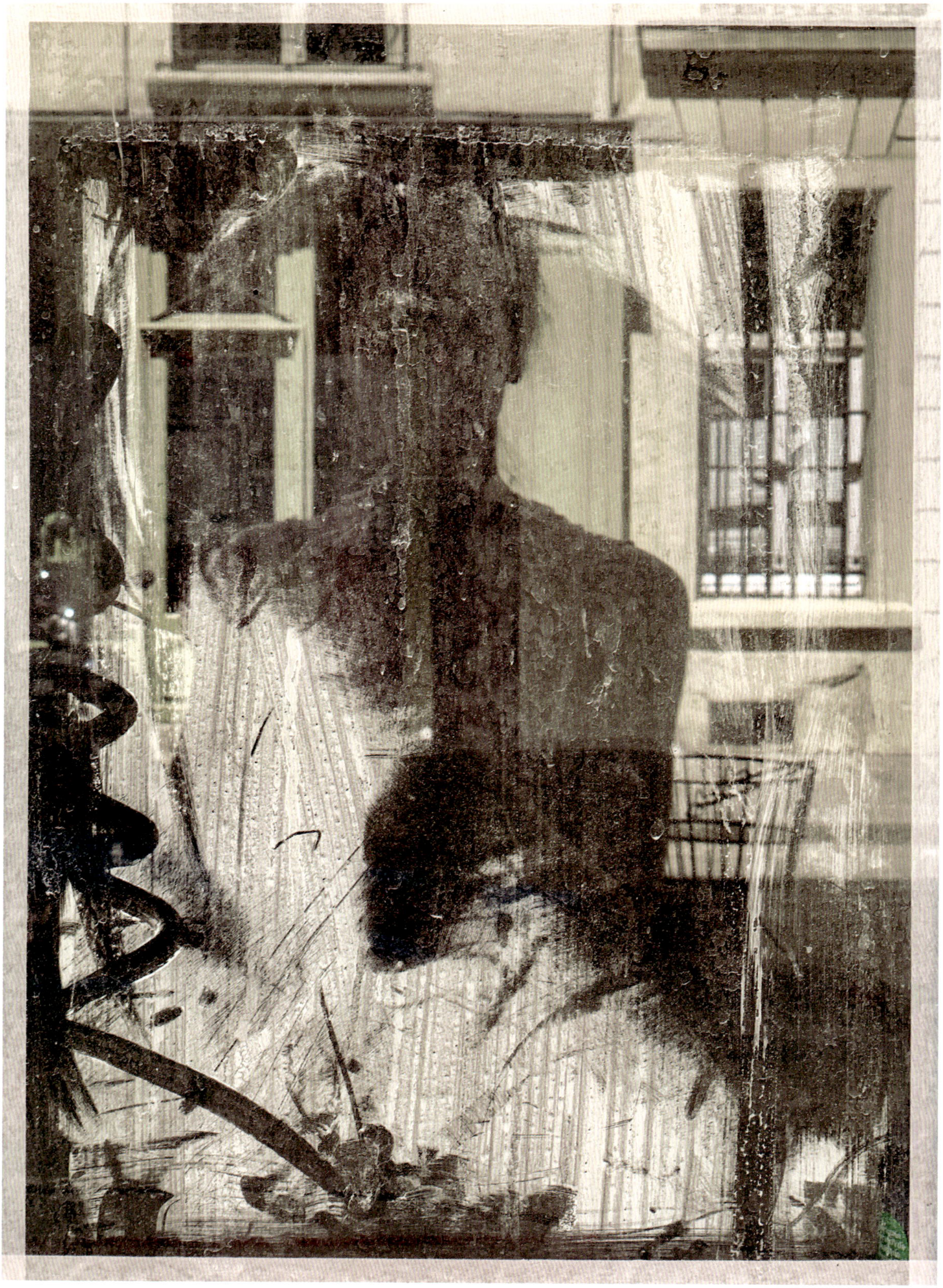

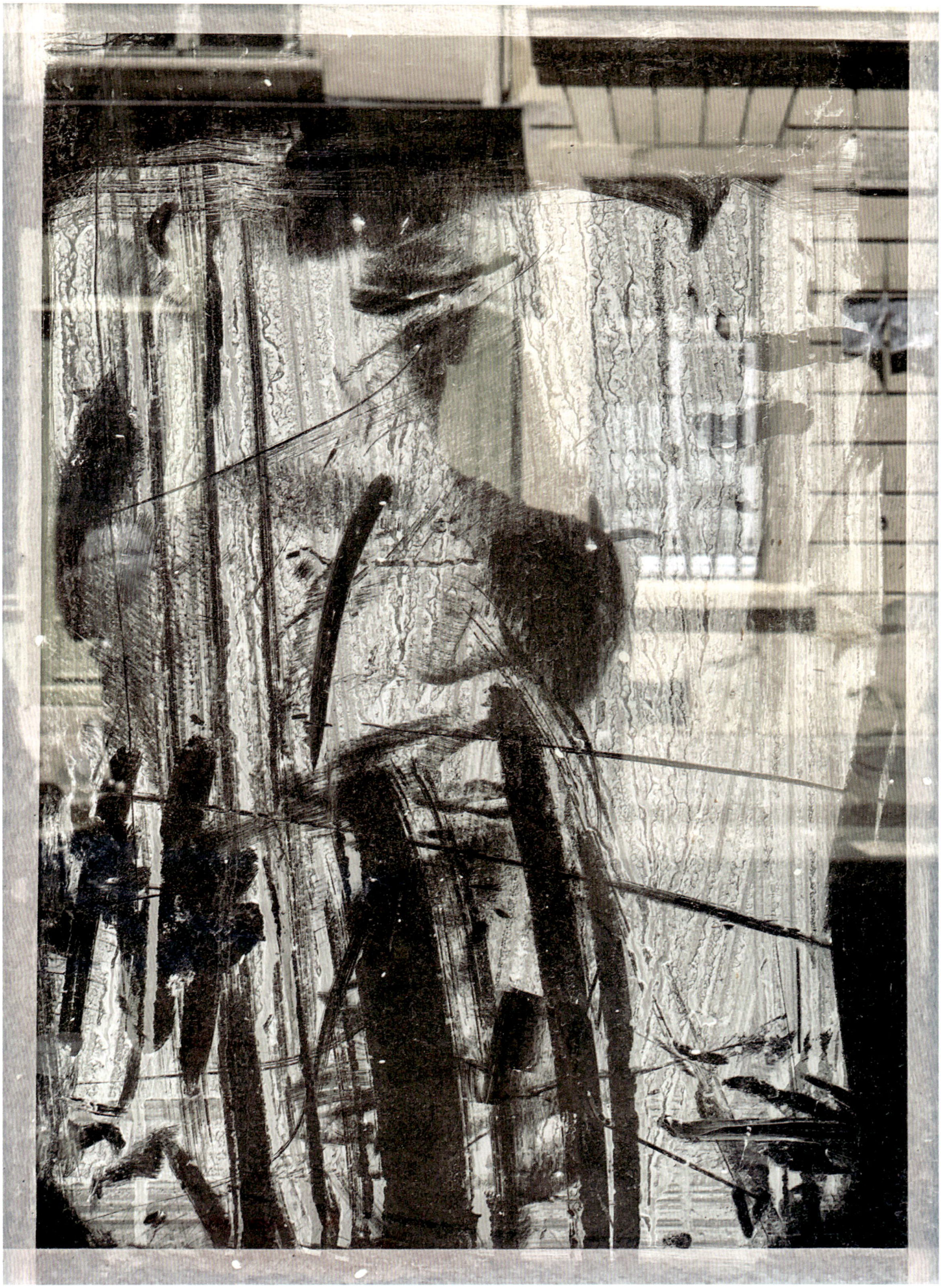

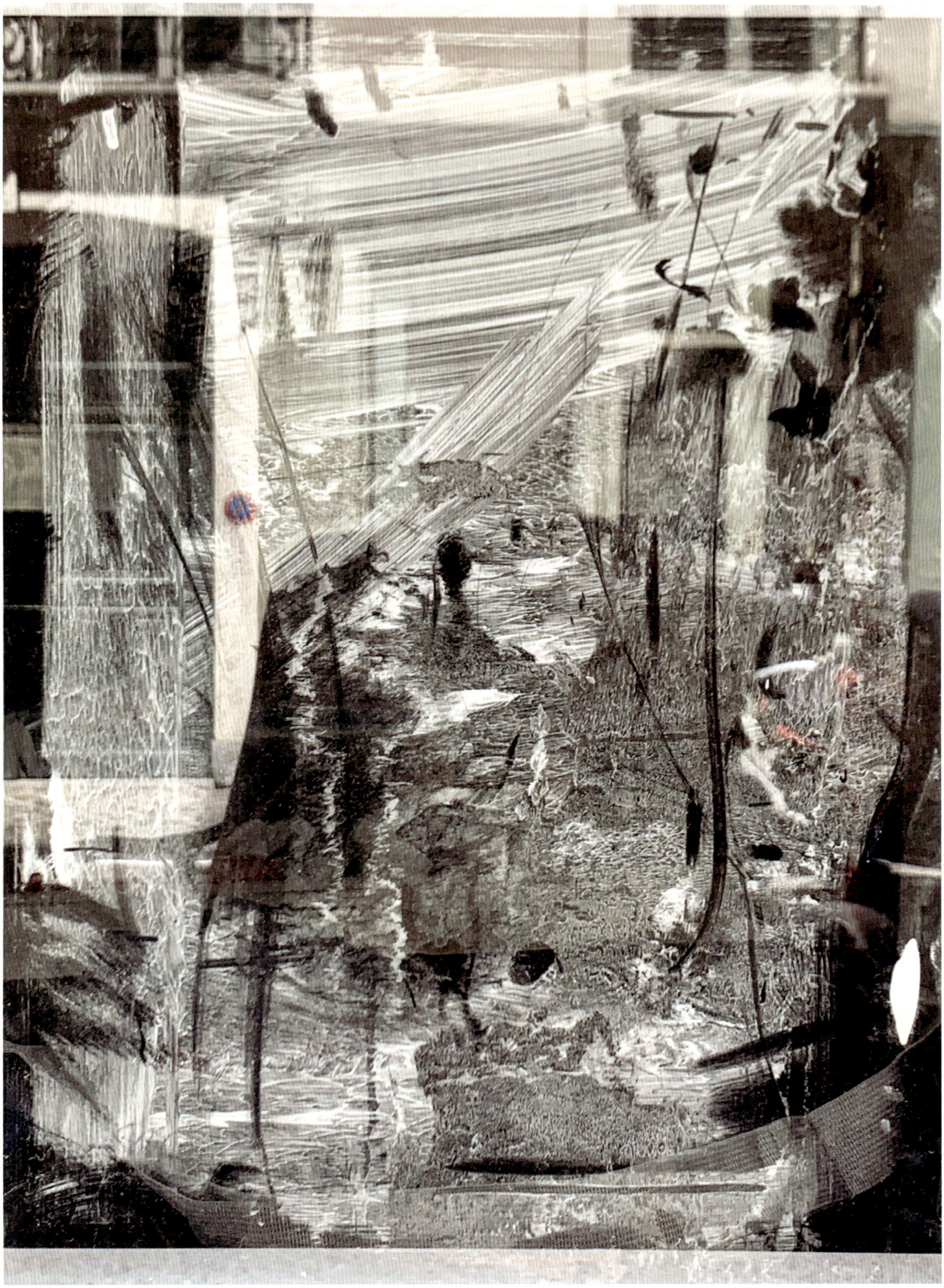

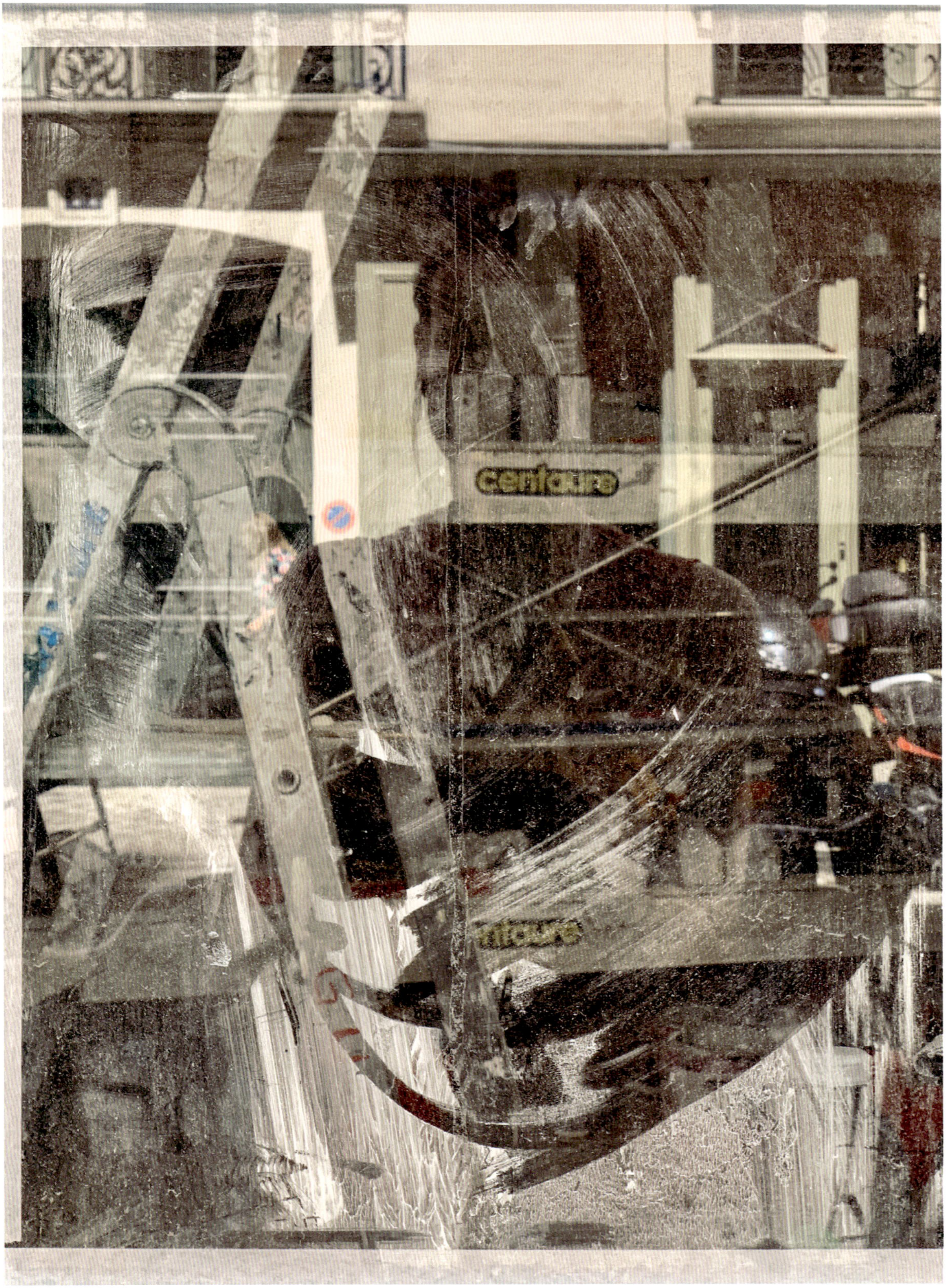
centaure

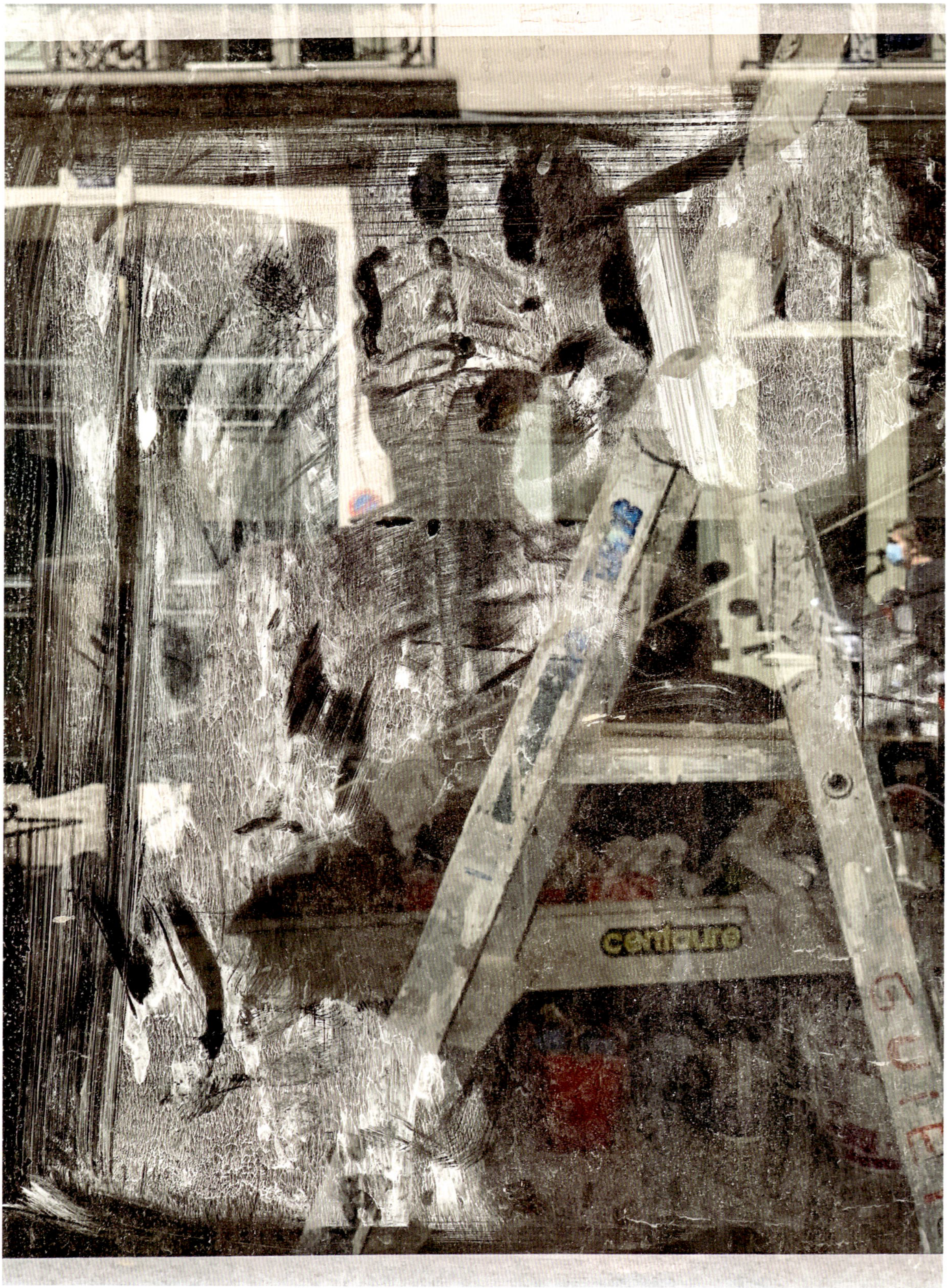
centaure

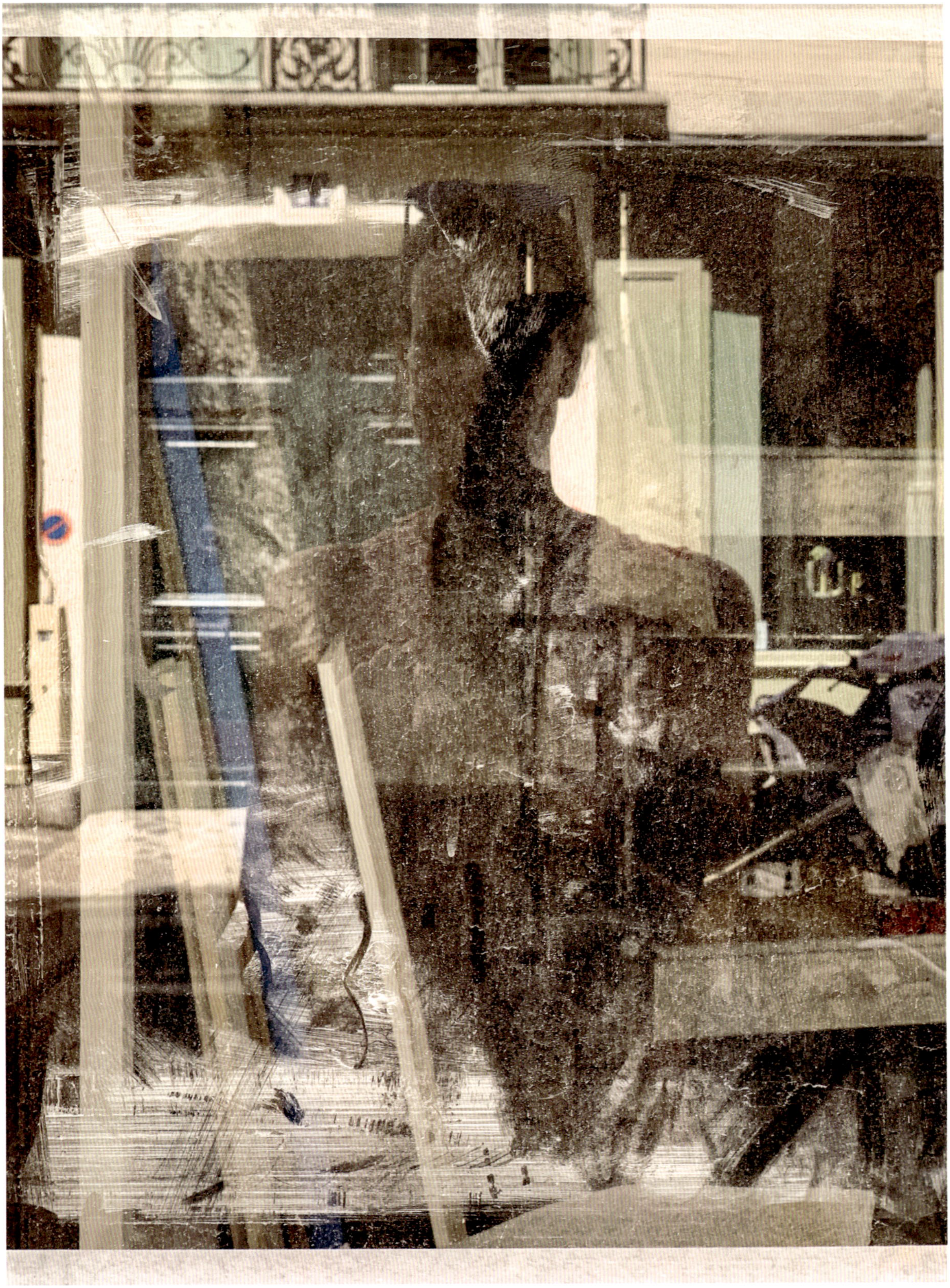

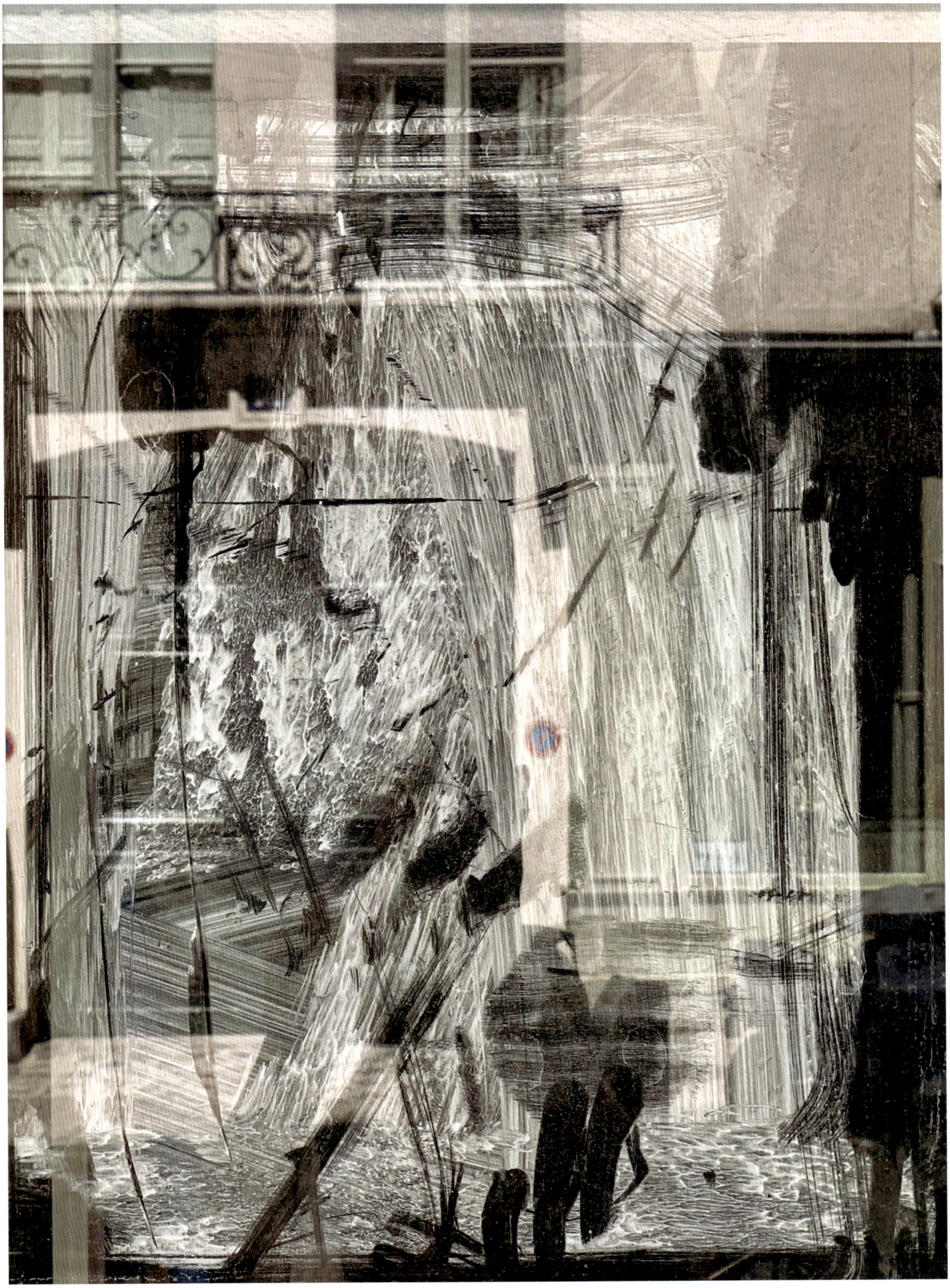

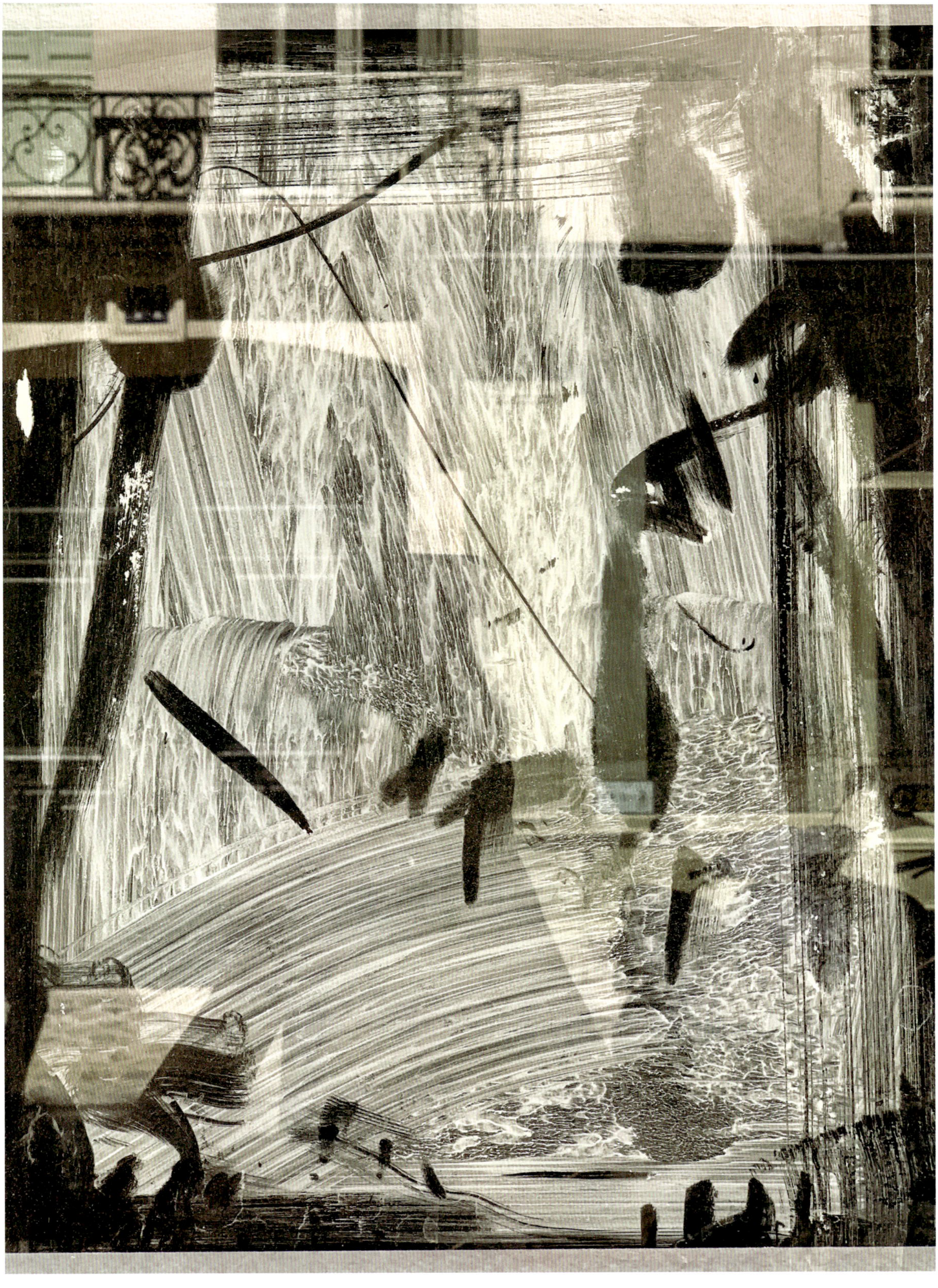

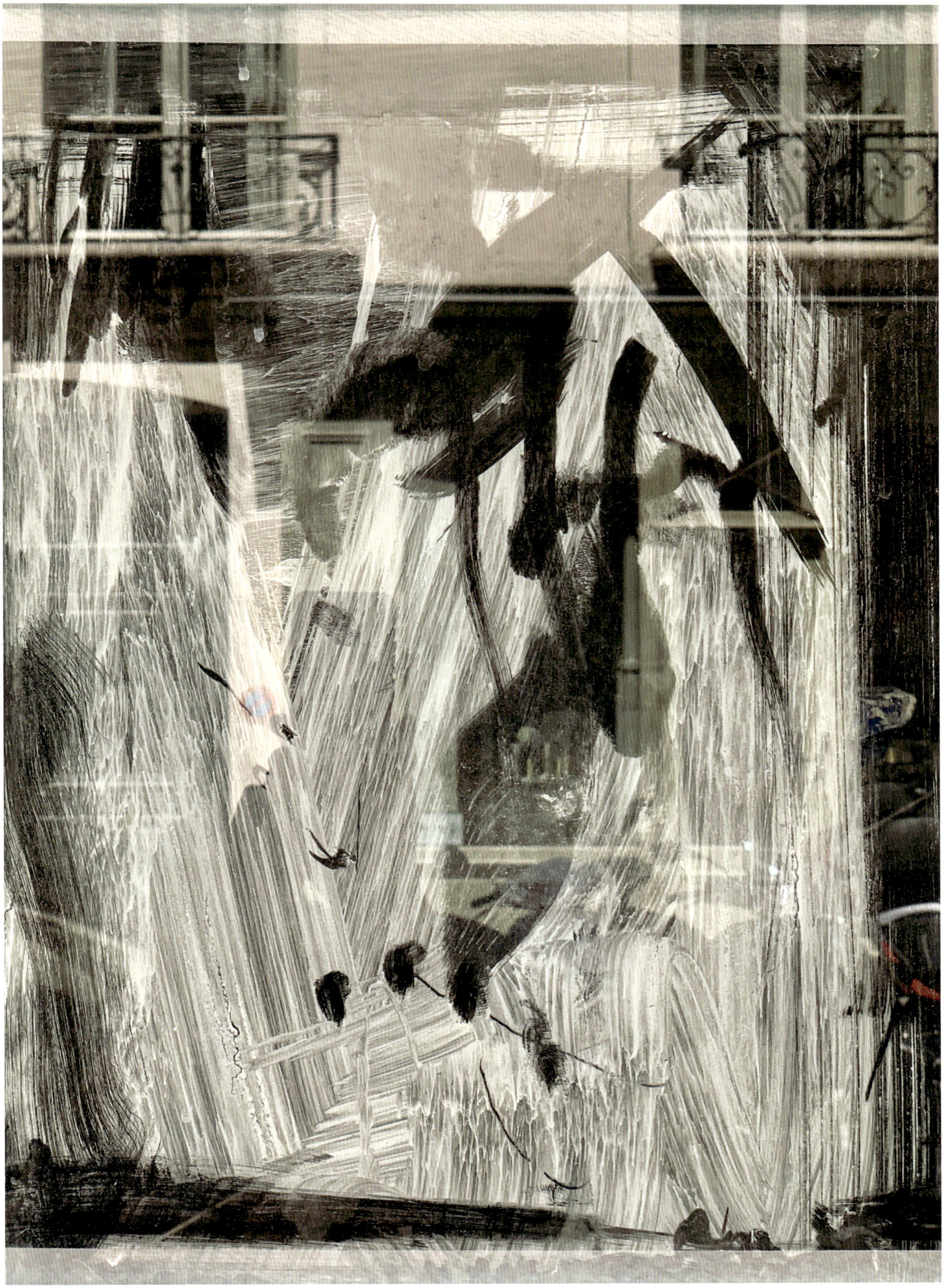

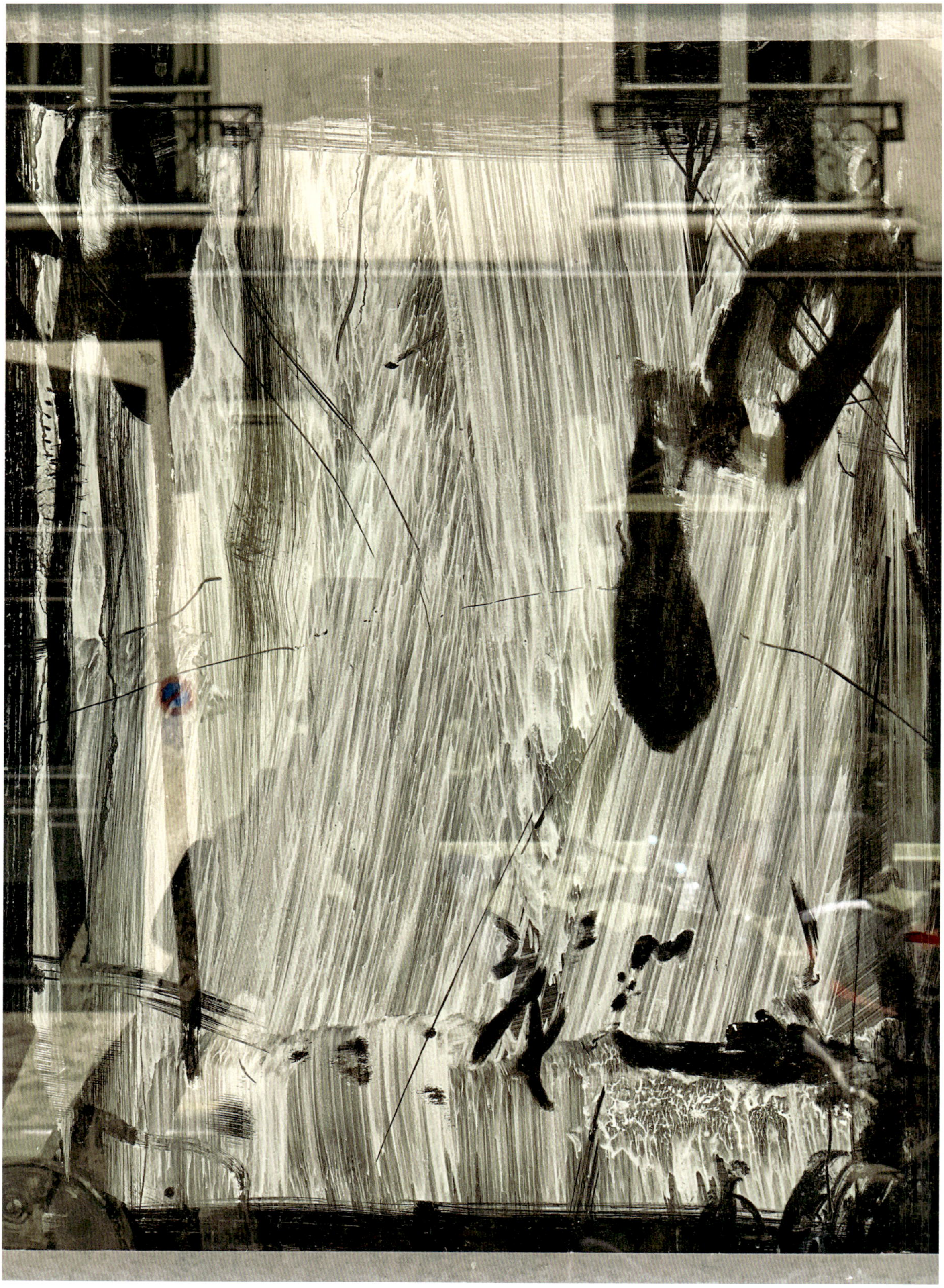

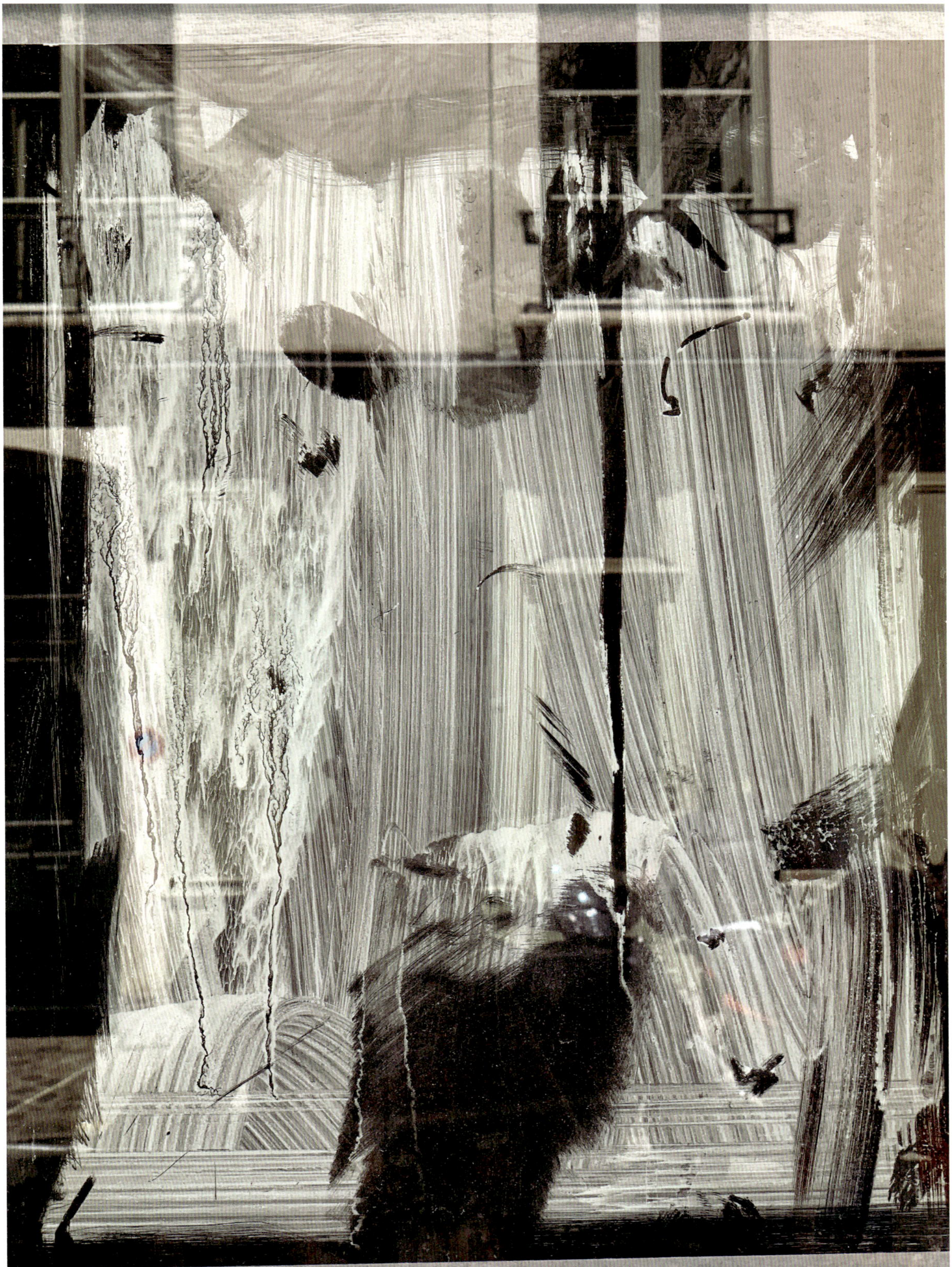

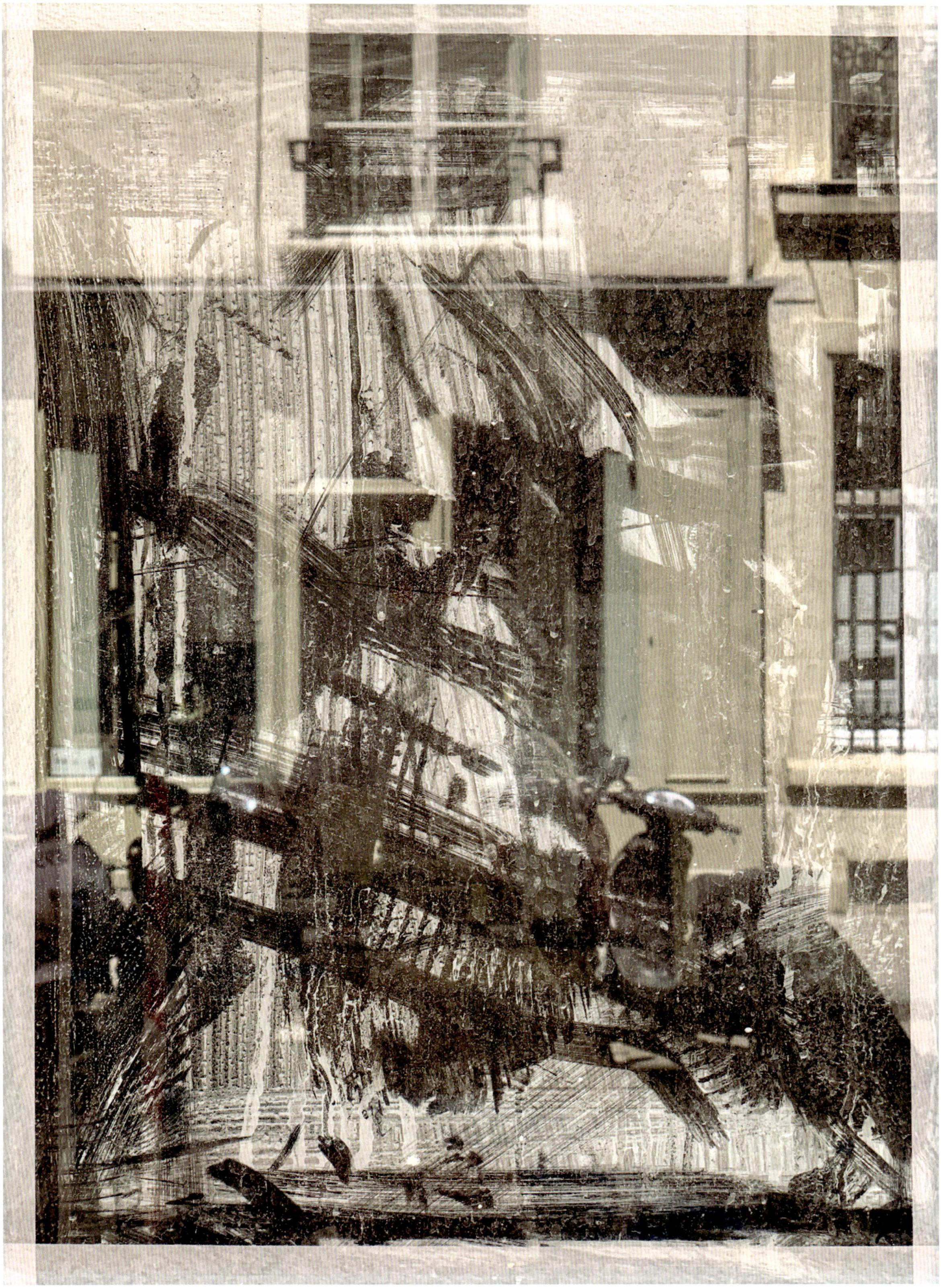

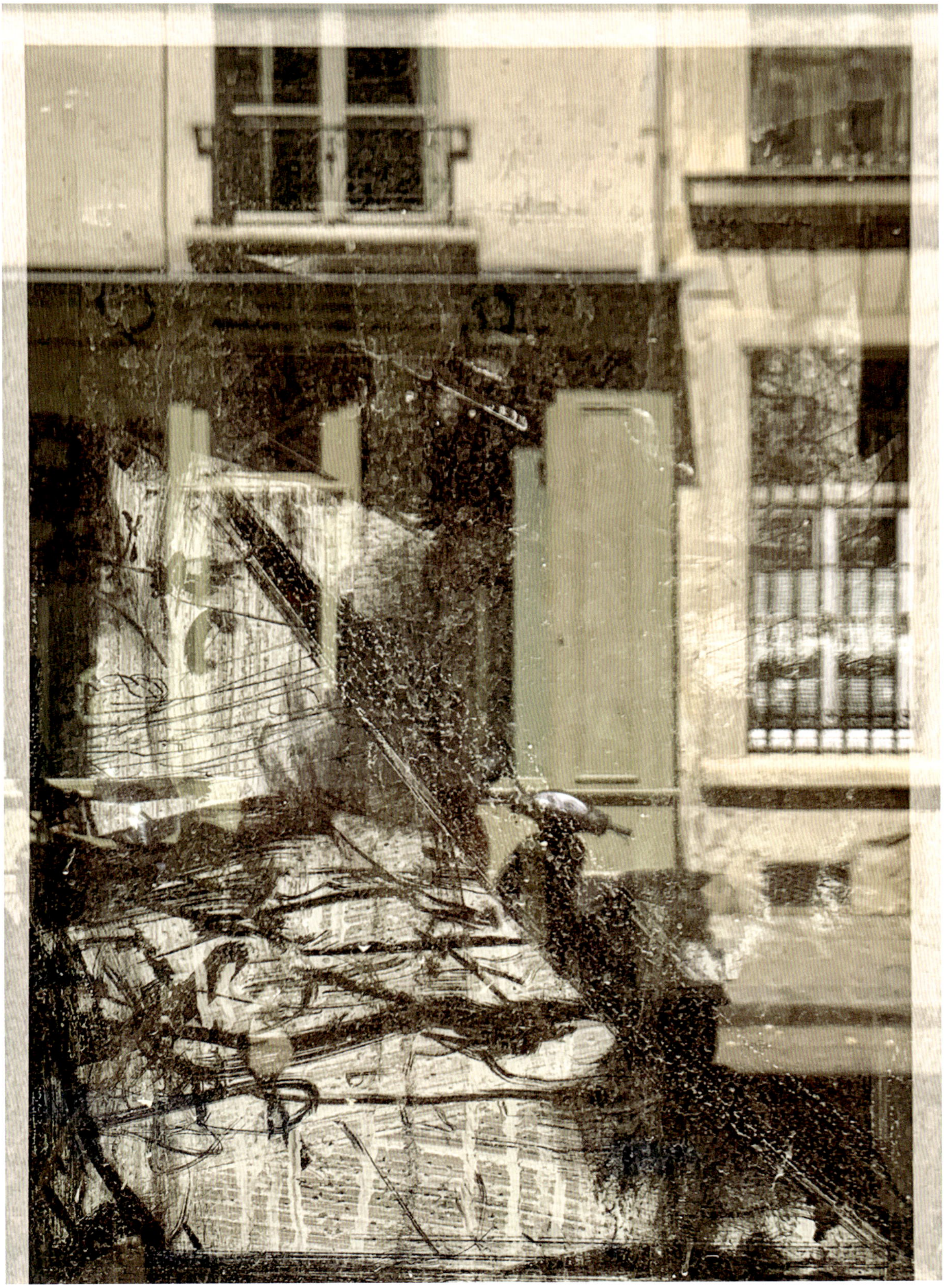

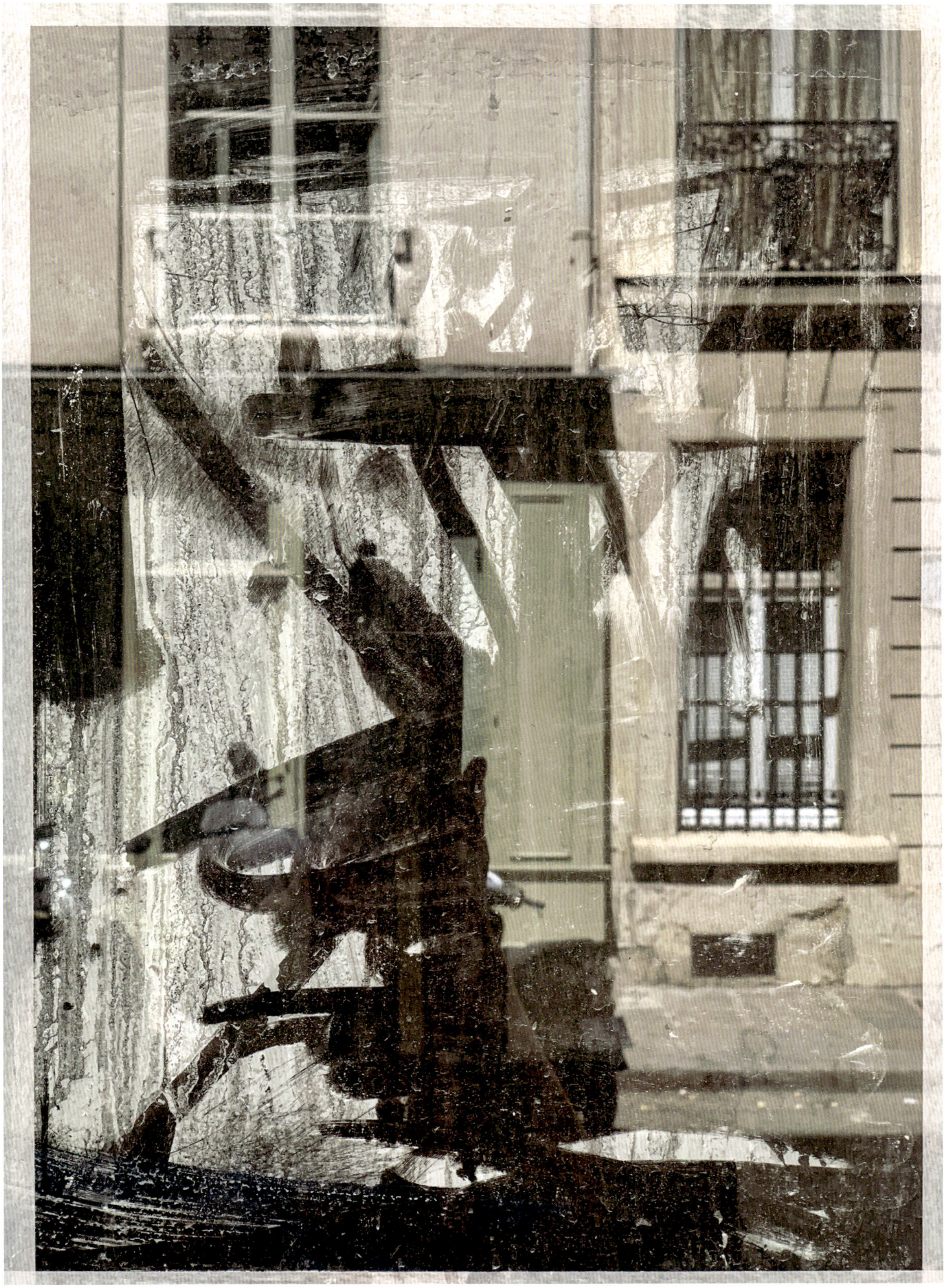

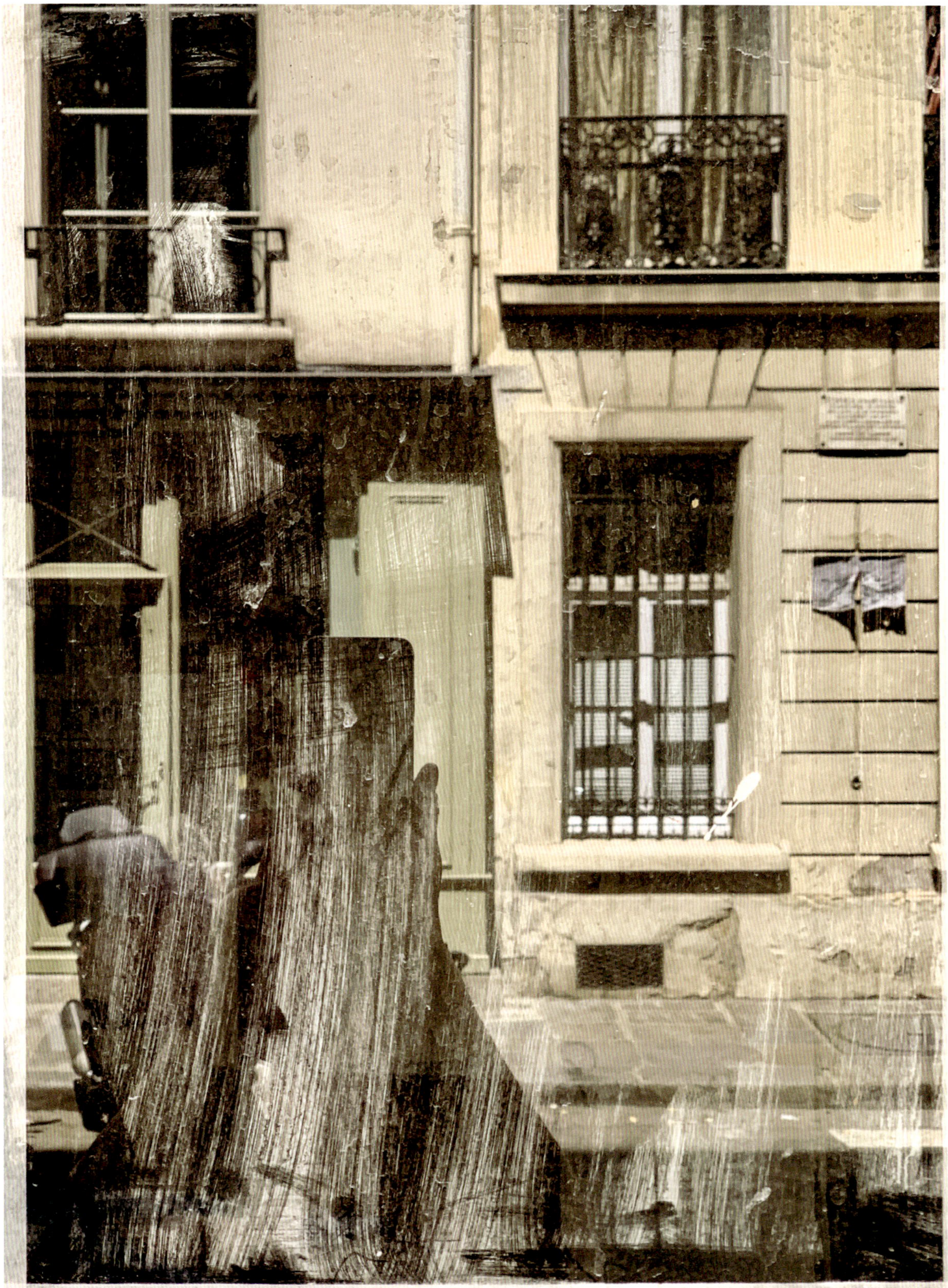

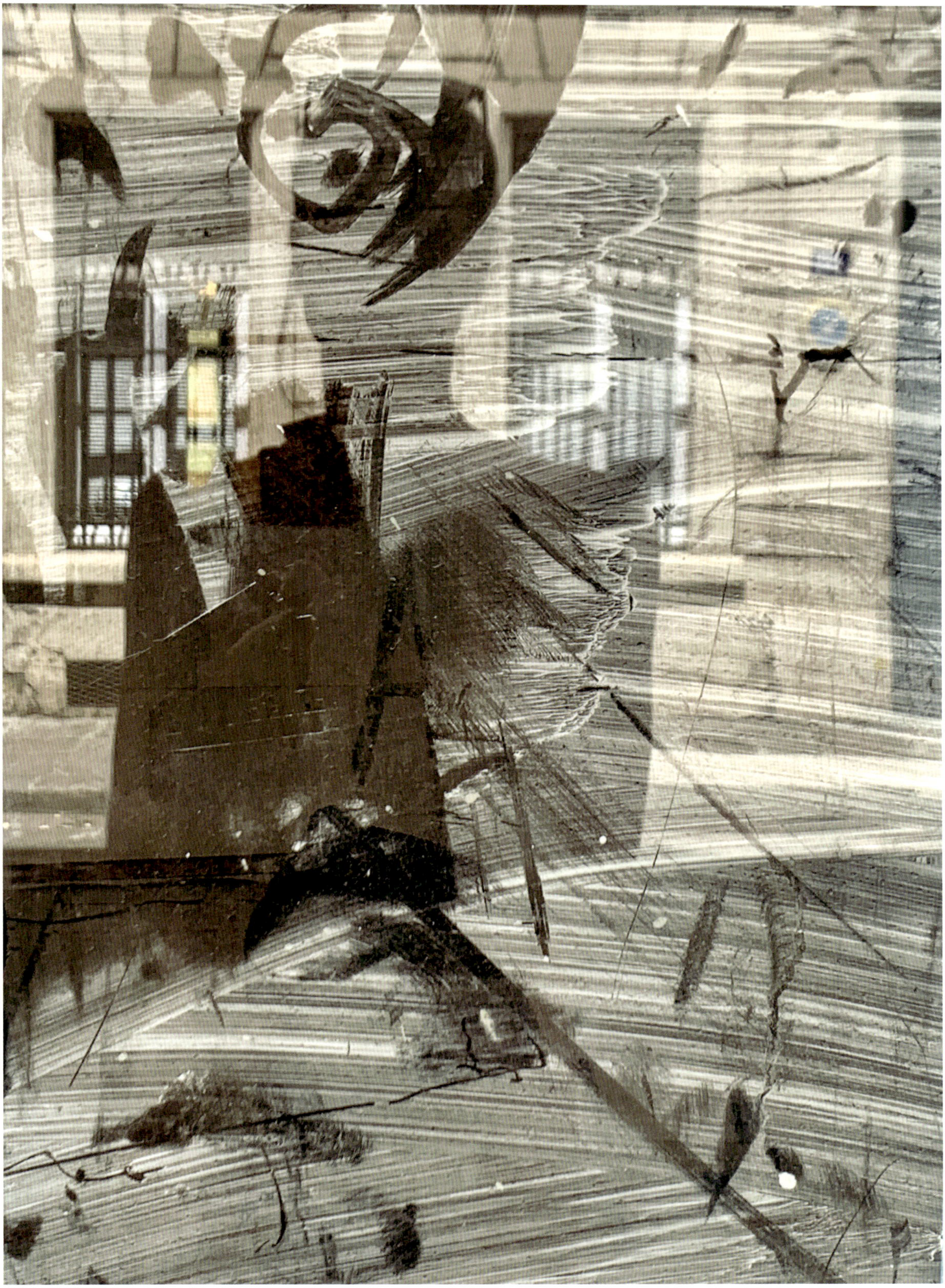

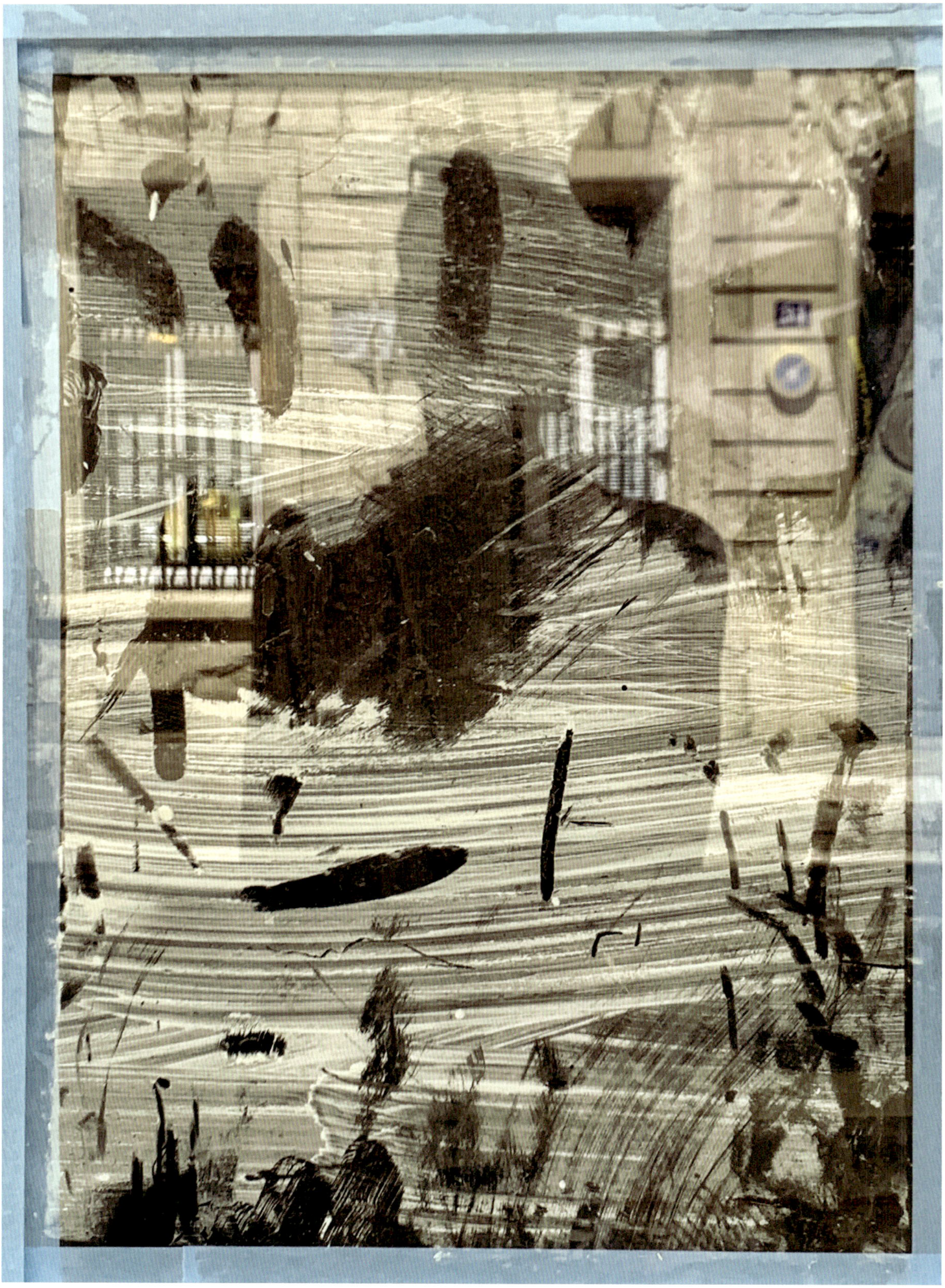

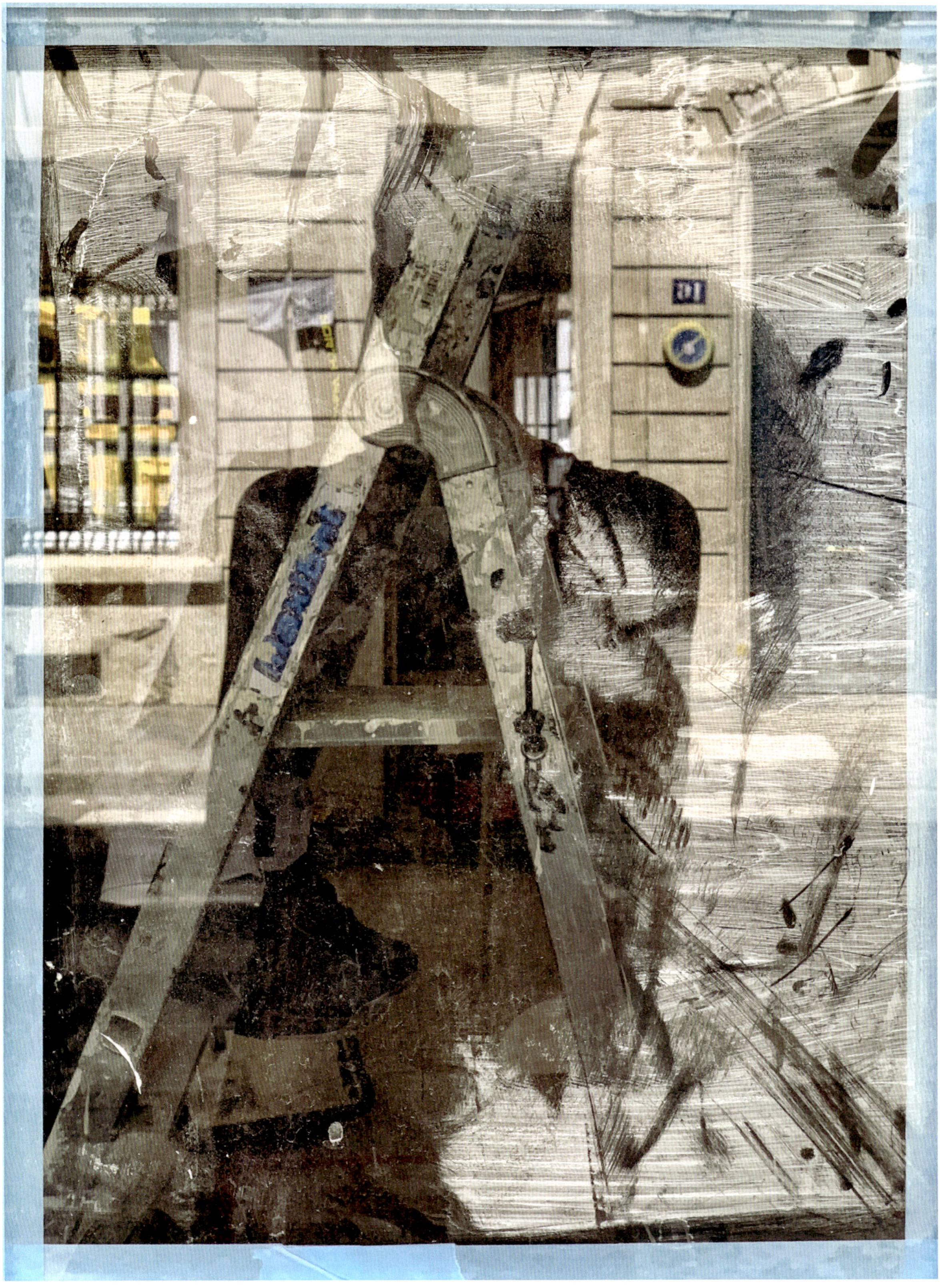

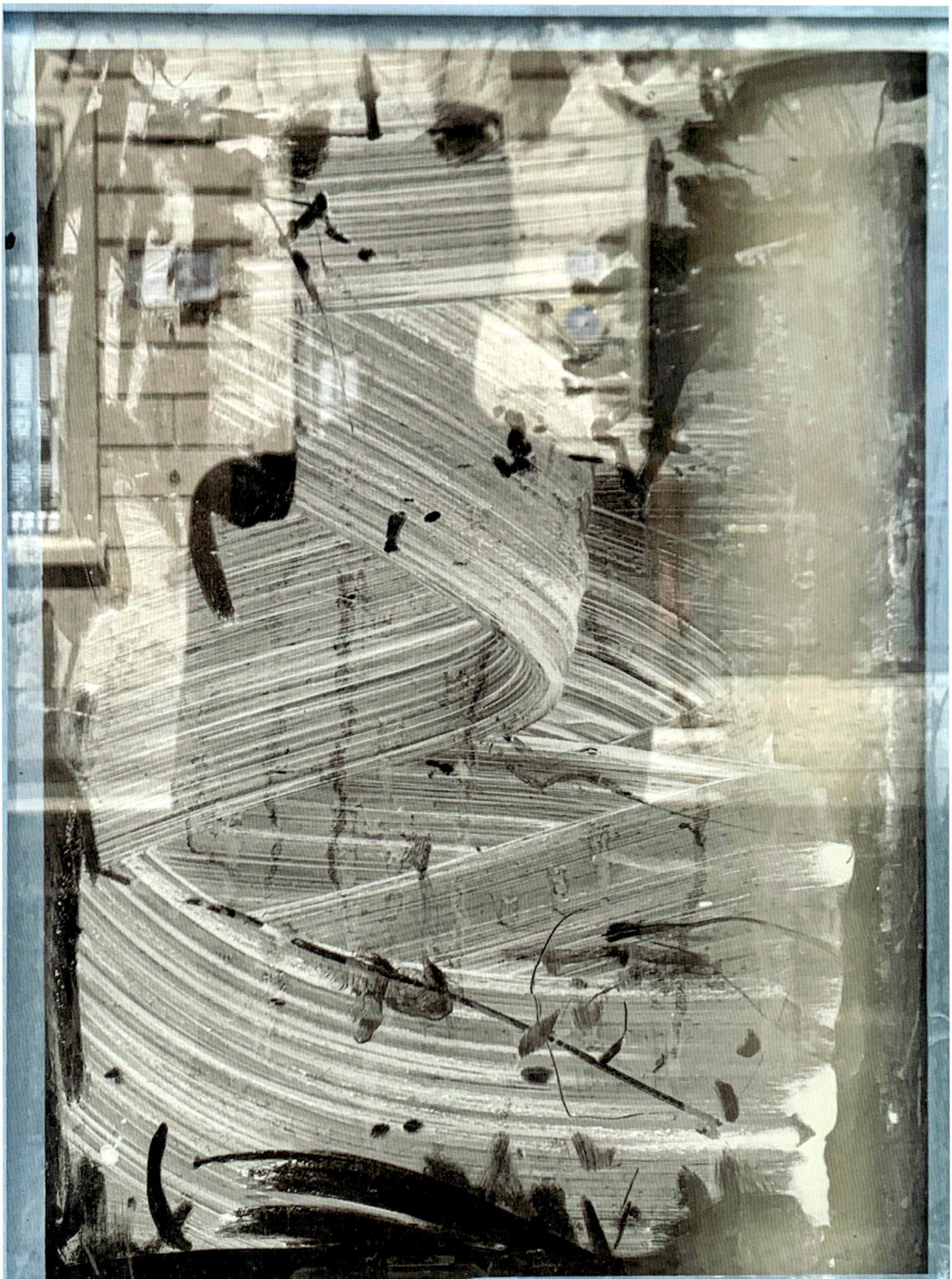

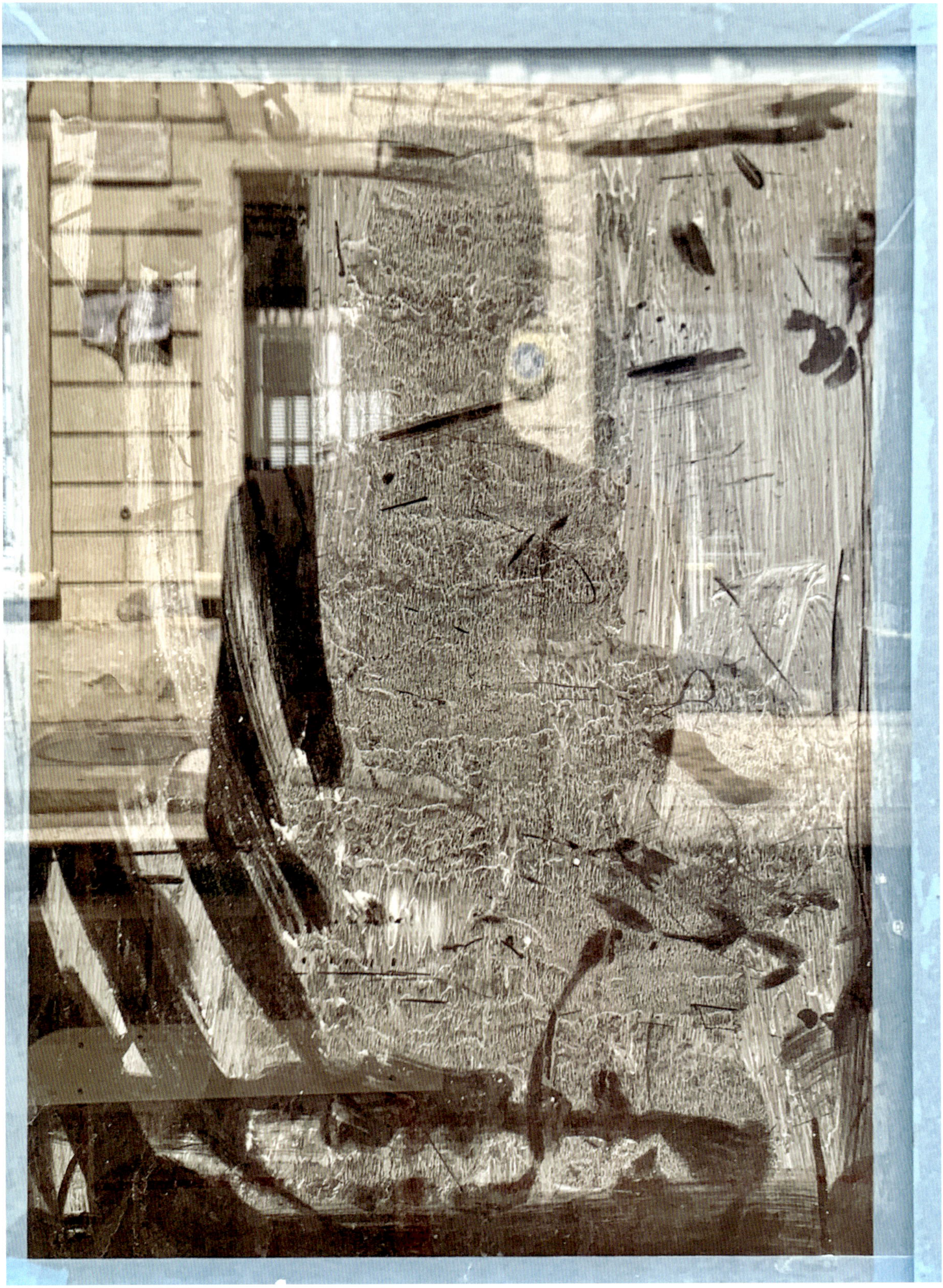

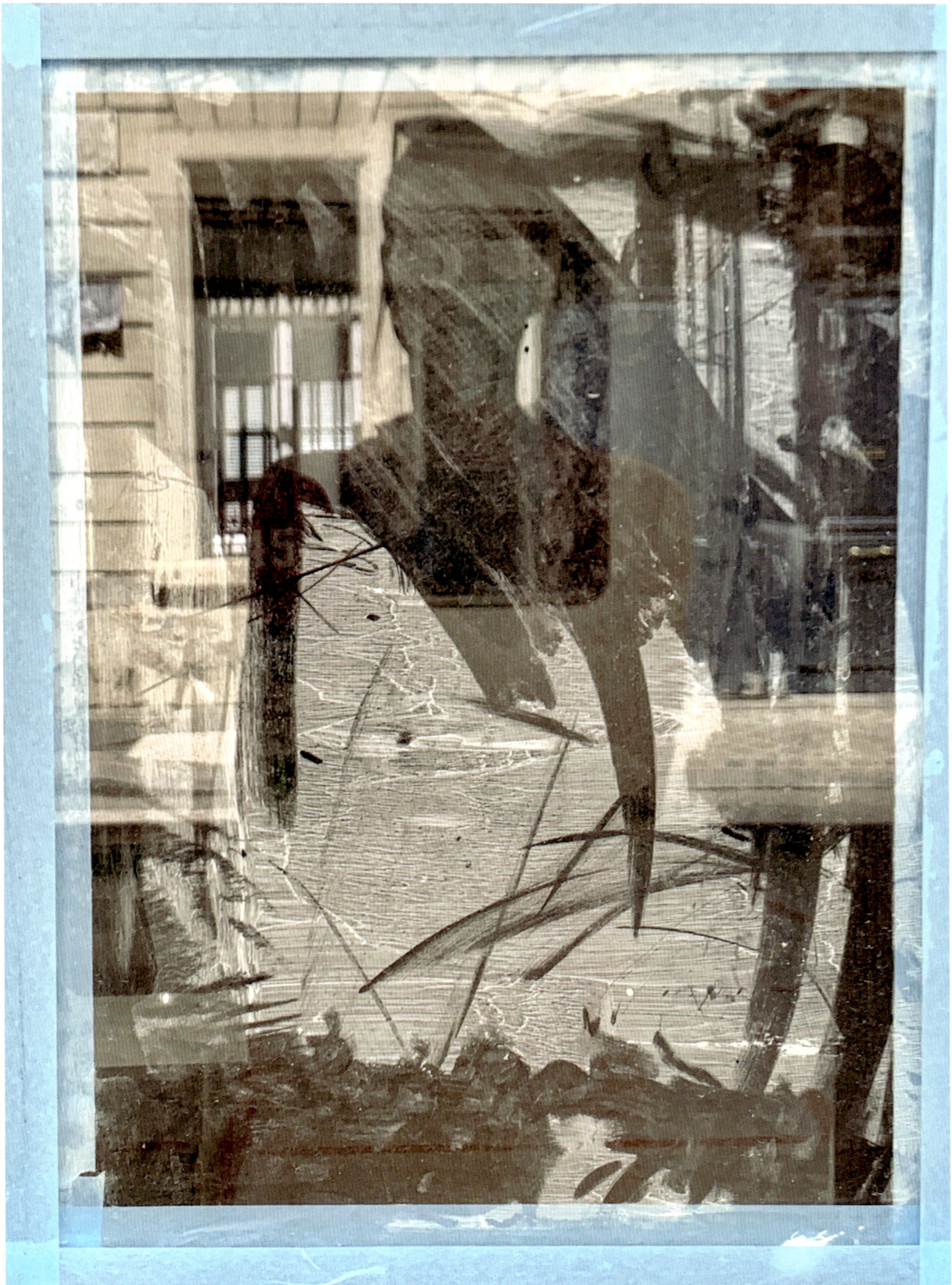

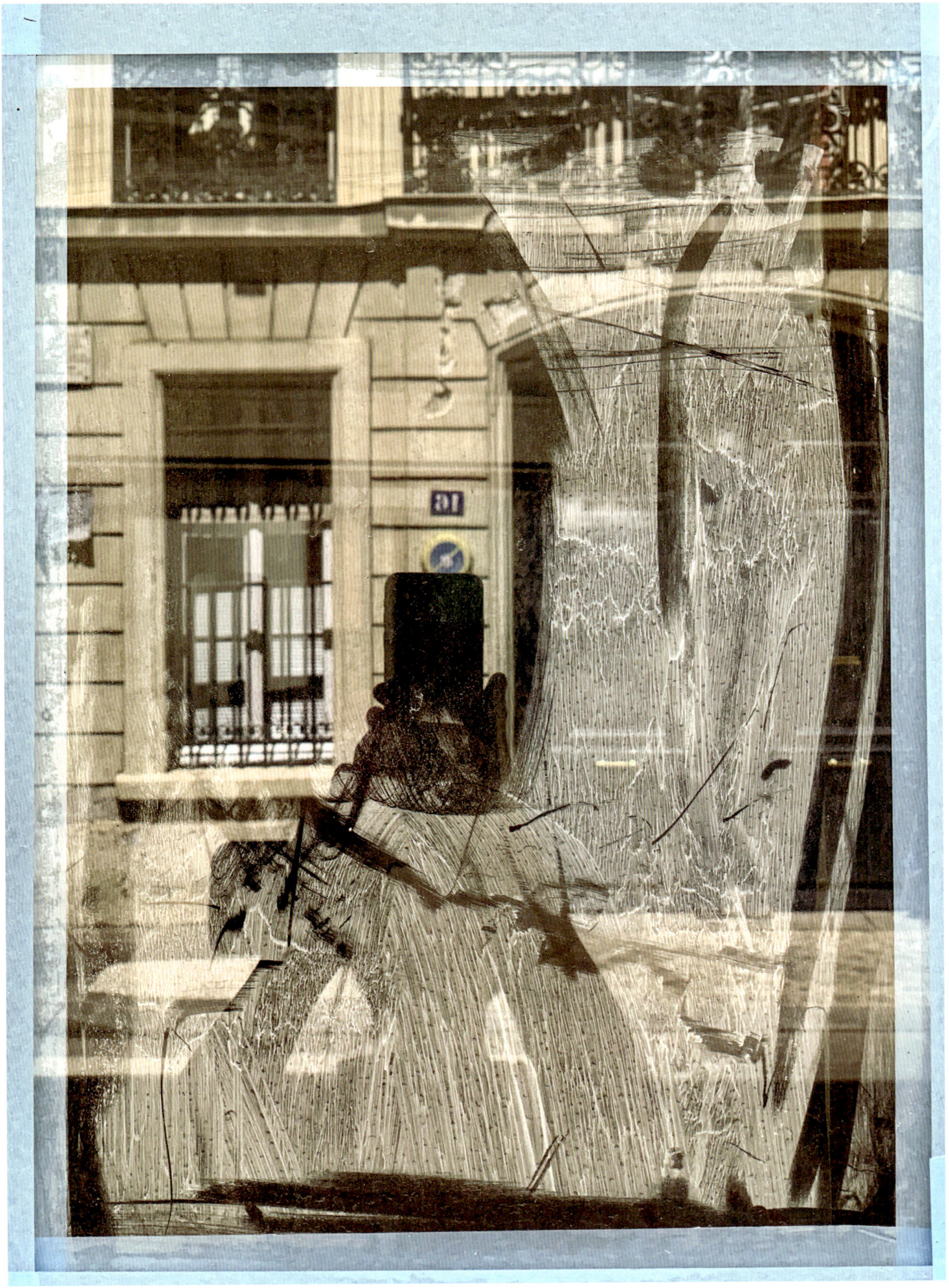

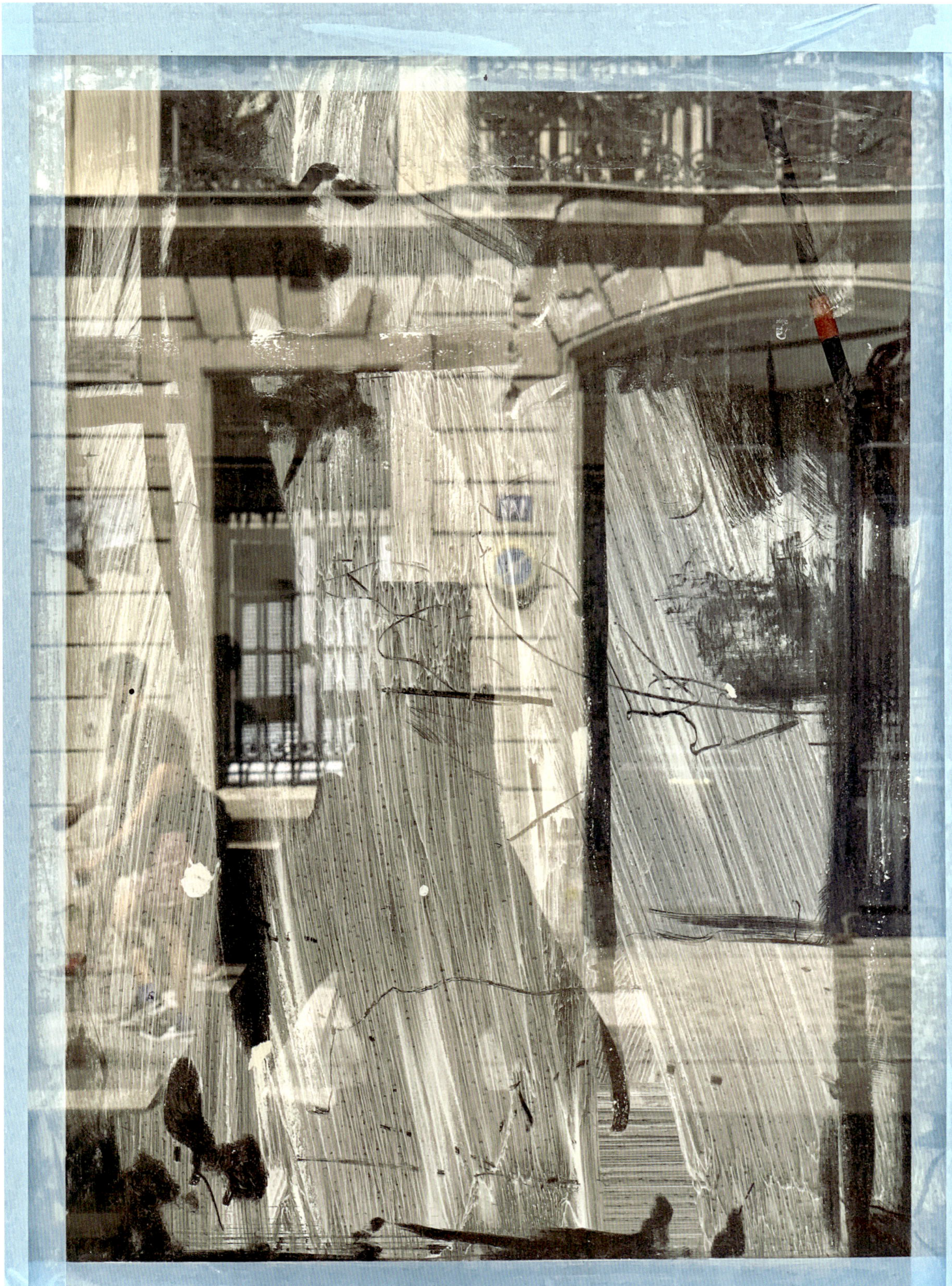

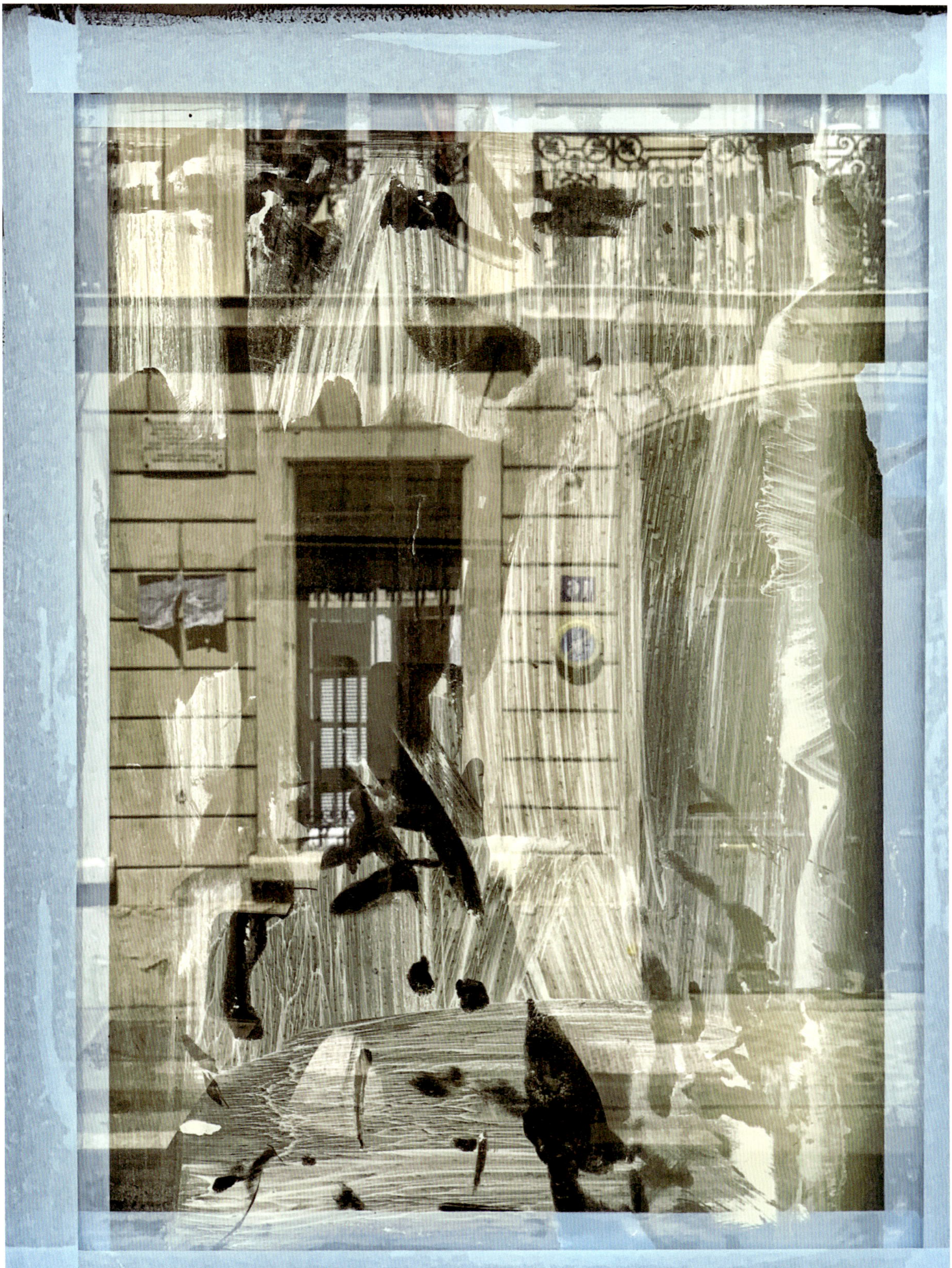

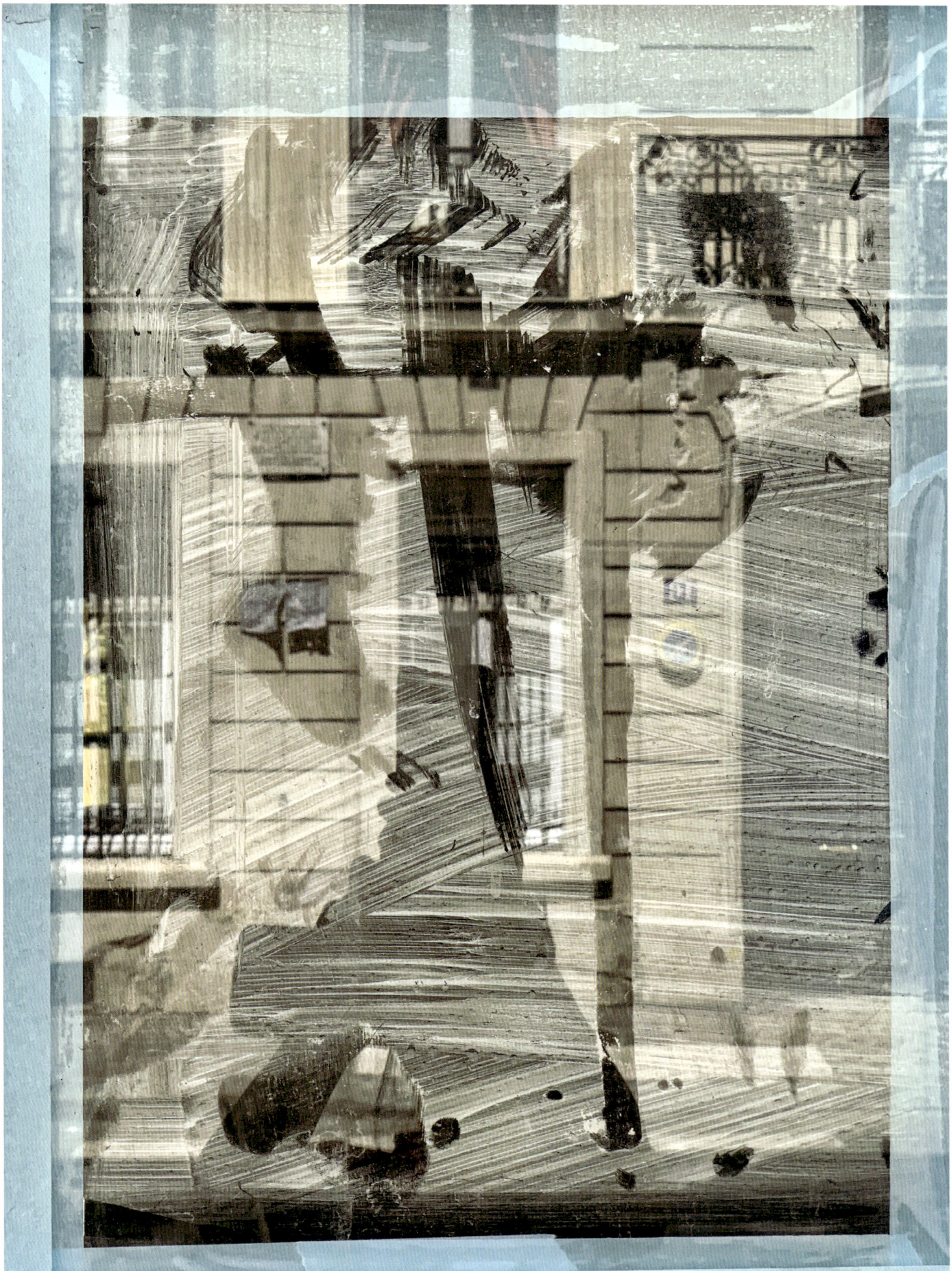

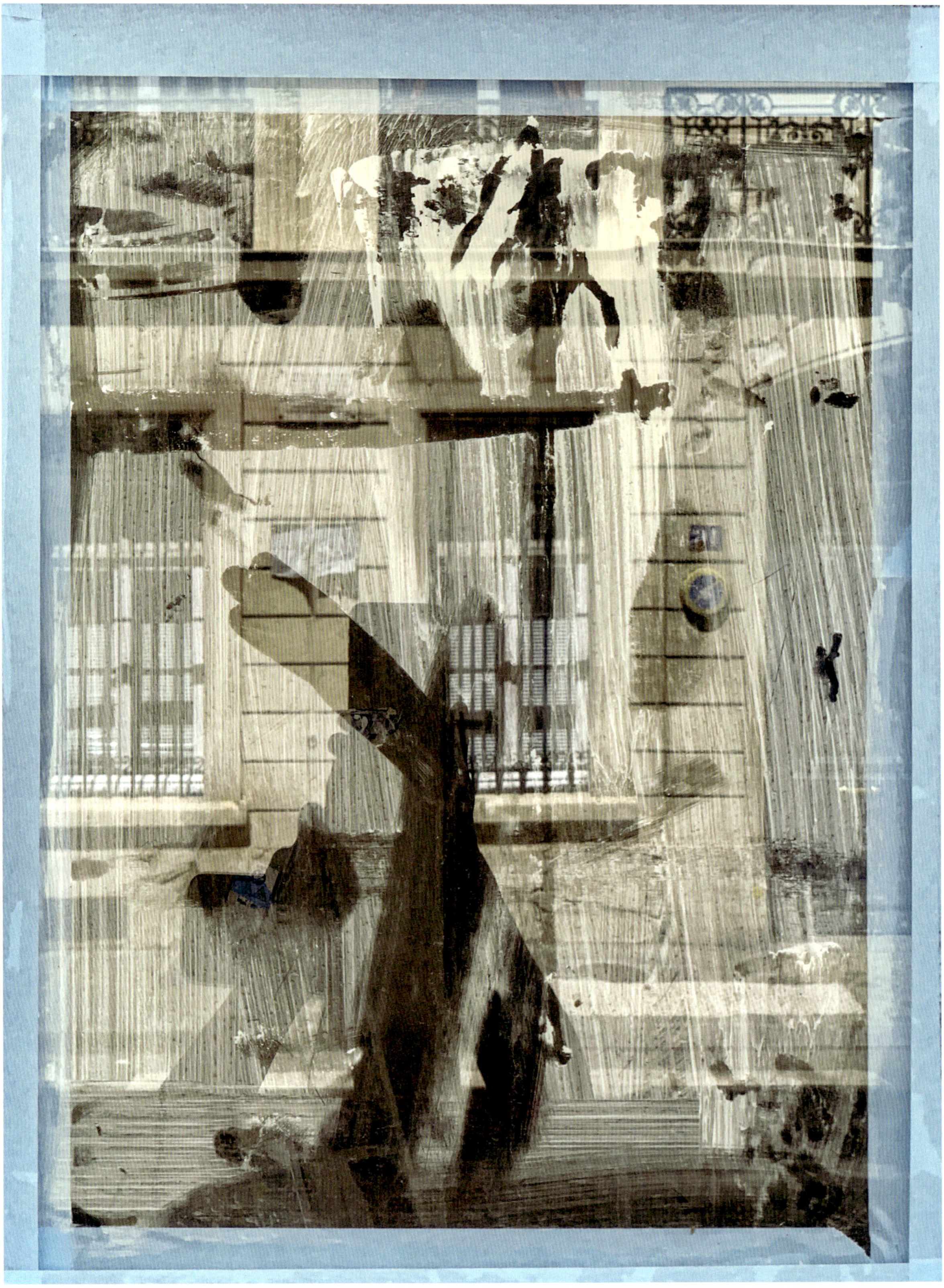

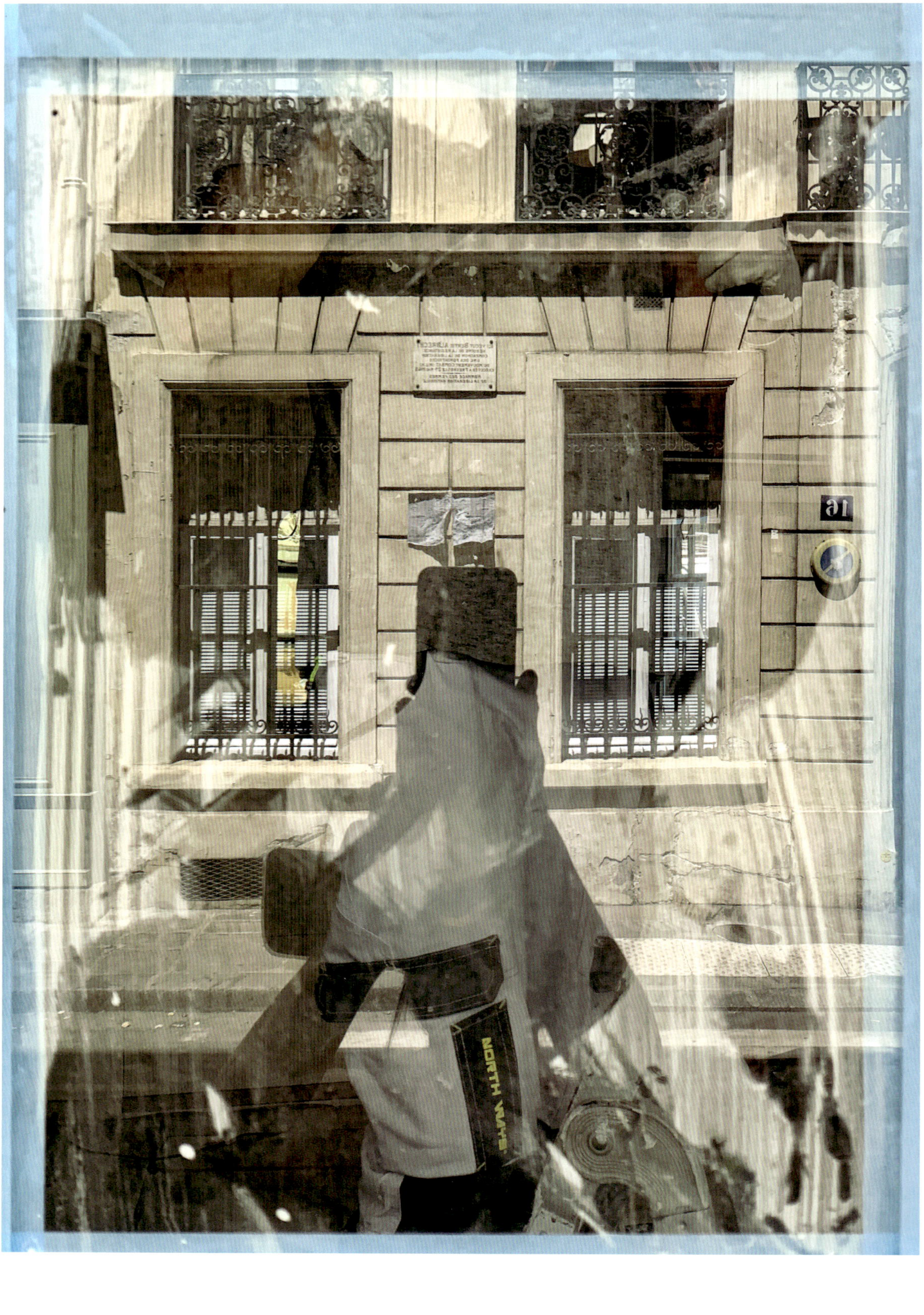

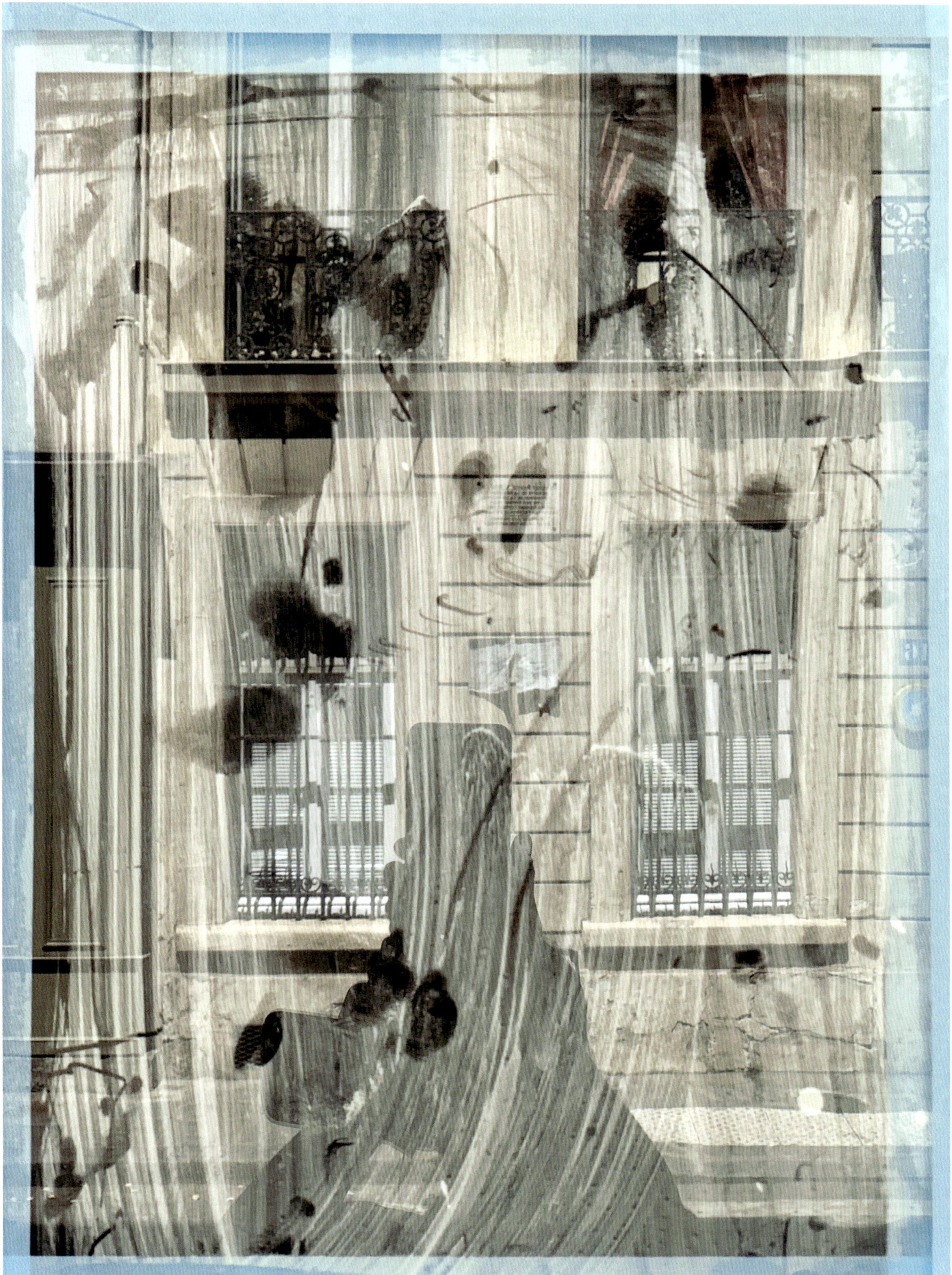

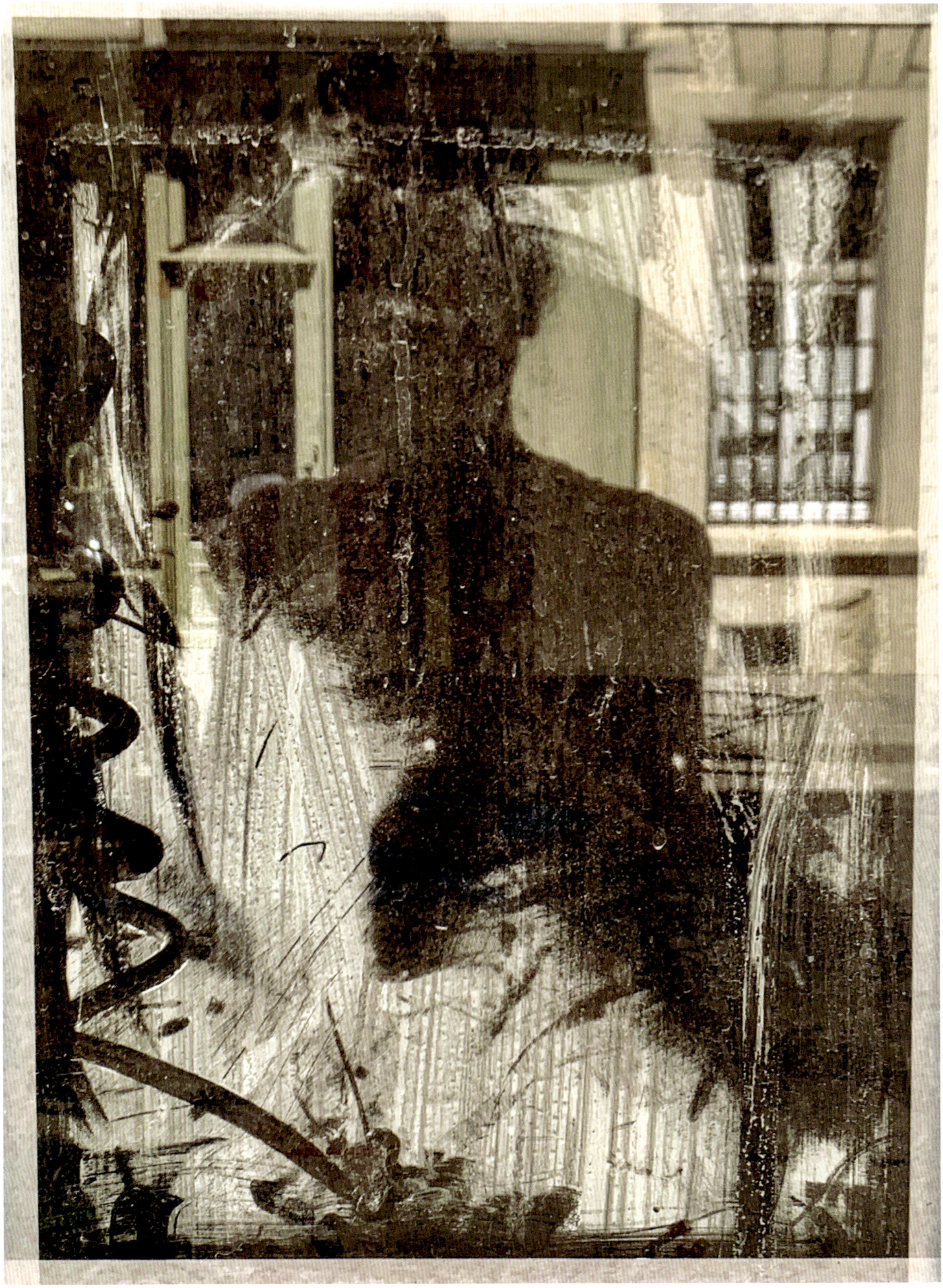

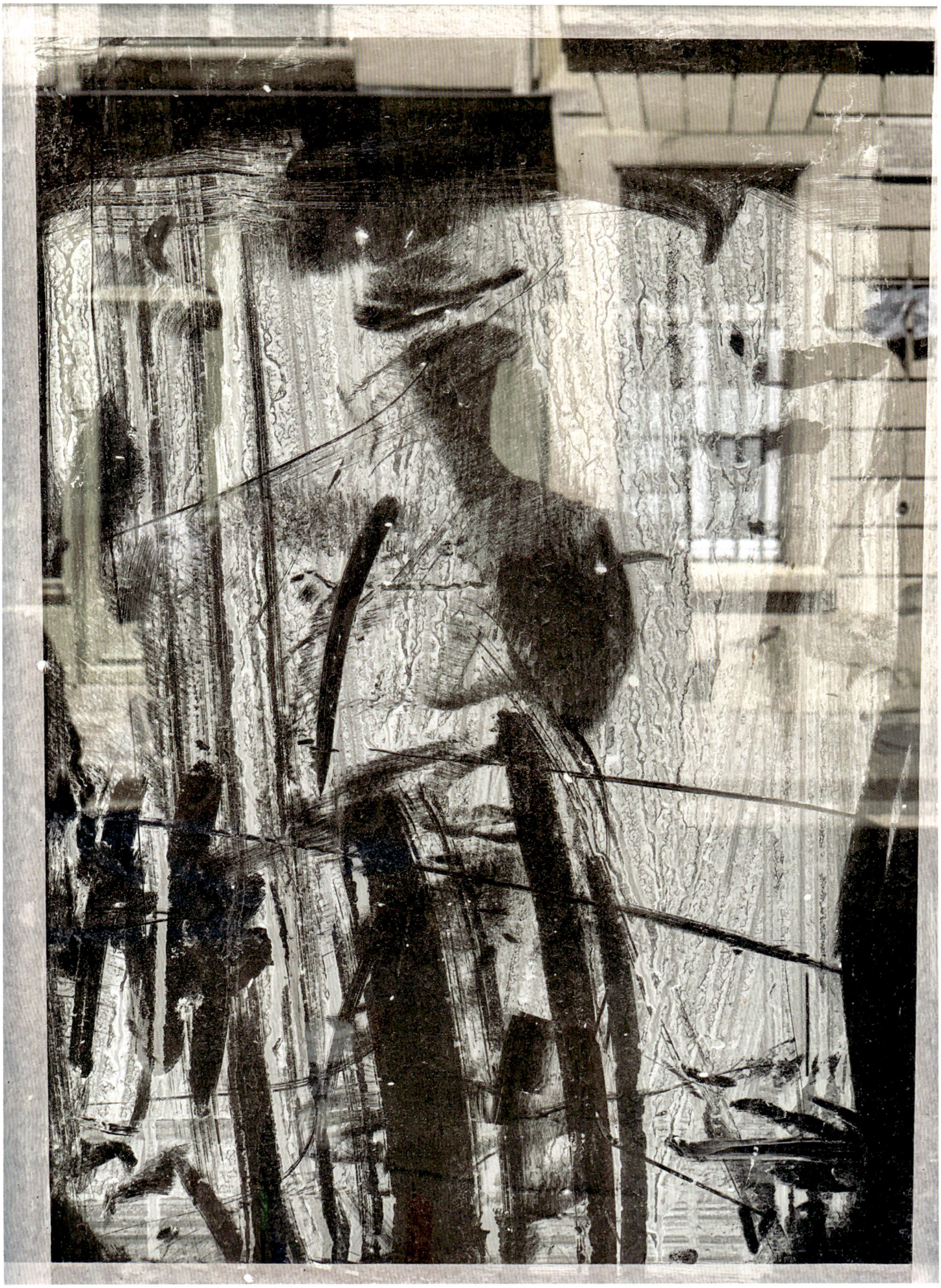

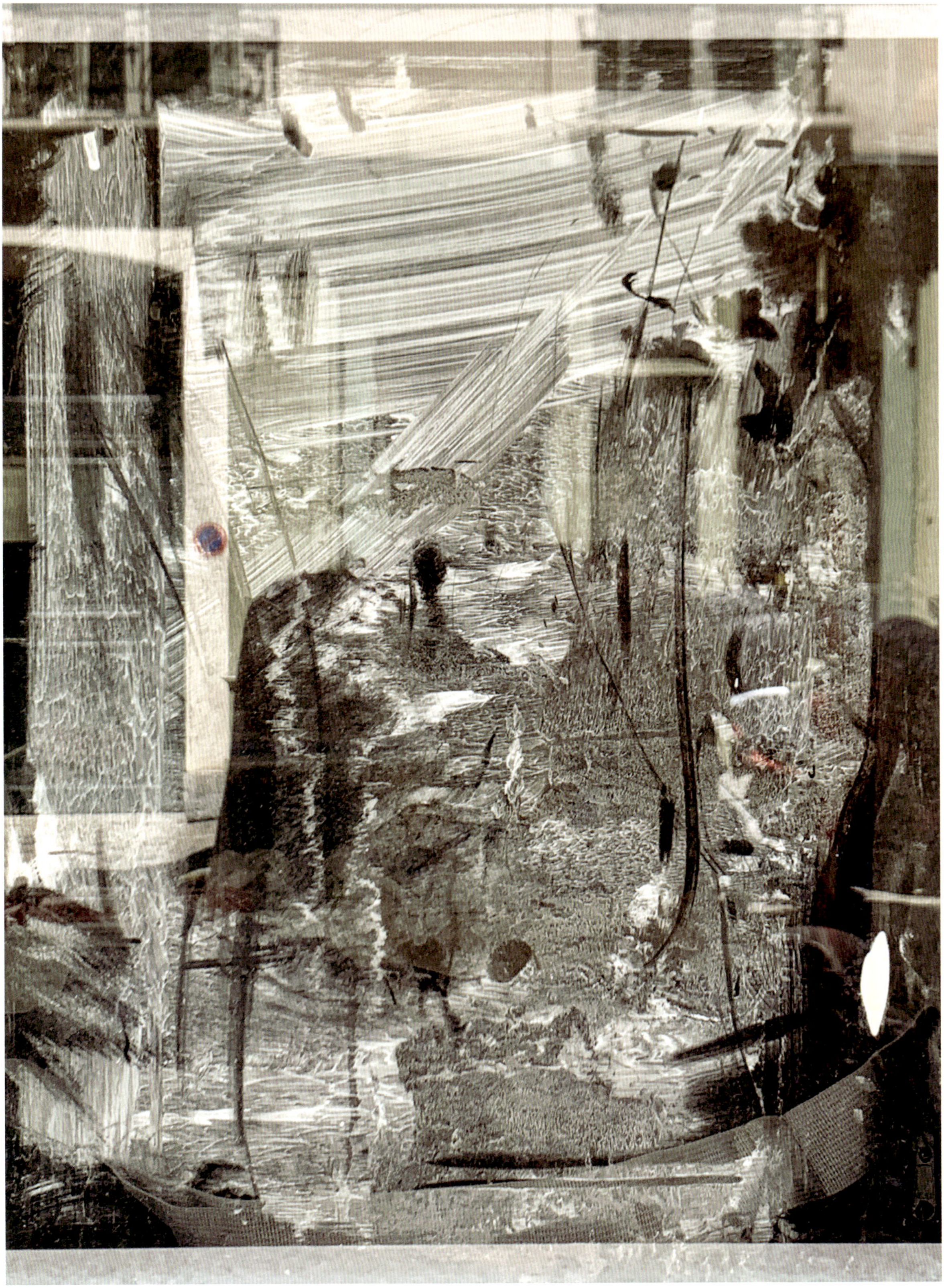

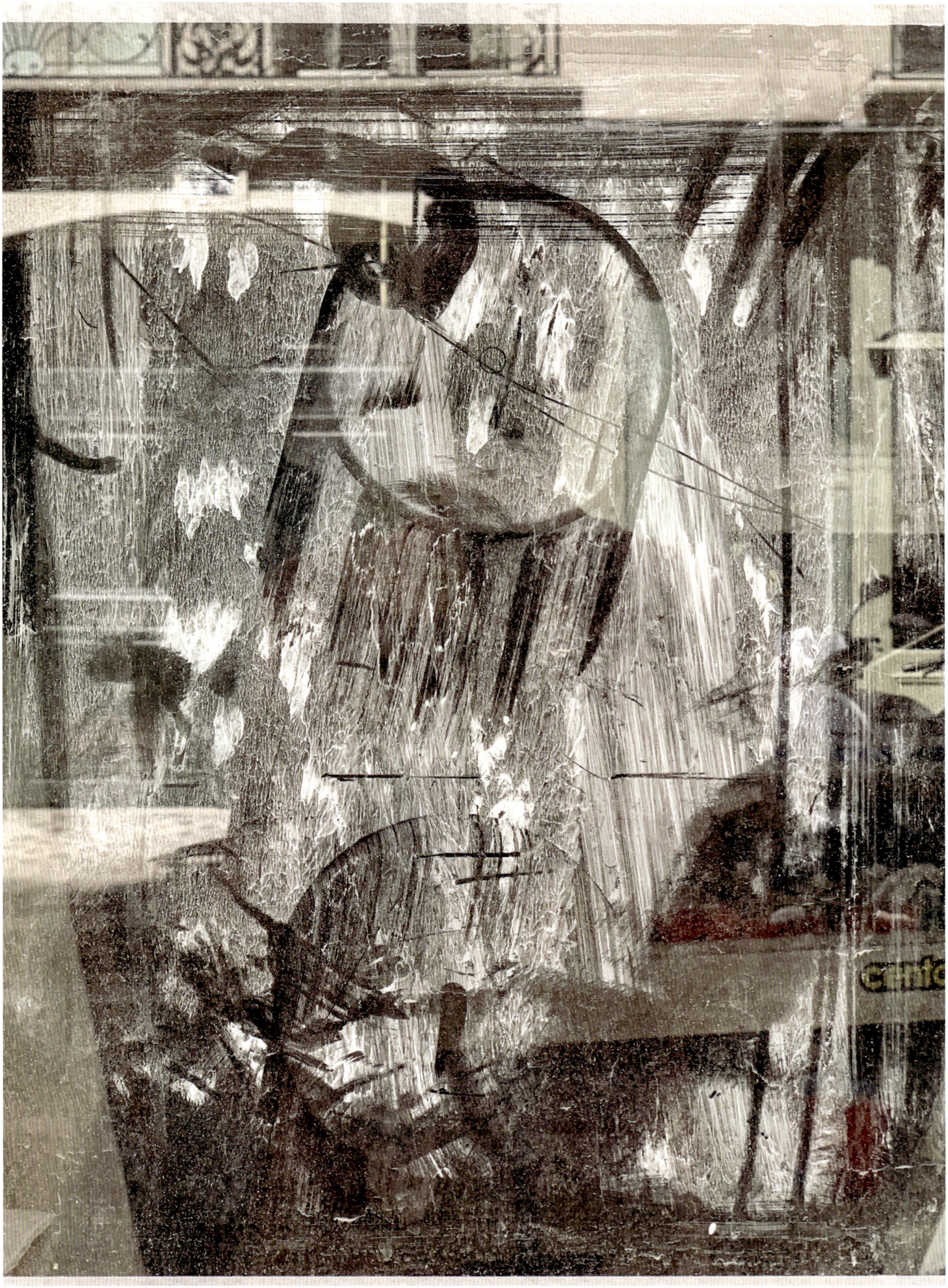

Travaux en cours

Travaux en cours

9 Rue de l'Université – PARIS.
Eine präzise Ortsangabe.
Ein Haus, eine Straße, eine Stadt.
9 Rue de l'Université – PARIS.
So nennt Frizzi Krella ihre Pariser Fotoserie. Würden wir nachfragen, leicht erführen wir Jahr, Tag, ja die minutengenaue Uhrzeit jeder Aufnahme. Doch keine dieser absolut präzisen Angaben würde uns dabei helfen, Krellas subtilen Arbeiten näher zu kommen.
Die Fotografin streift an einem lichten Tag durch die Pariser Straße. Sie flaniert entlang einer Häuserzeile, hält inne. Ein Ladengeschäft wird saniert. Während der Bauarbeiten sind die Schaufenster von innen weiß gestrichen, um neugierige Blicke von der Straße abzuhalten. Doch dieses unausgesprochene Verbot verkehrt sich für Krella durch die Auslassungen und Störungen im weißen Anstrich in eine Verlockung. Das Alltägliche der Fensterfront verwandelt sich für sie in einen Spiegel des Augenblicks, in eine Komposition des Ephemeren. Indem sie mit ihren Fotografien diesen Moment erfasst,

geht sie bereits über ihn hinaus. Mehr noch: Die Spuren der weißen Farbe entwickeln in ihren Fotografien eine eigene Autonomie.
Da sind die flächigen, weißen Pinselstriche auf den Scheiben. Aber auch vereinzelte Spuren von Farbe sind auf den Fensterfronten zu sehen. Einige der Linien verlaufen. Andere wurden verwischt. In manche Farbflächen sind abstrakte Figuren gezeichnet. Da sind lichtblau und hell abgeklebte Ränder. Sie erzeugen einen vermeintlich präzisen Rahmen, behaupten eine Geometrie, fassen die Scheiben an den Seiten ein und sind doch Teil des Bildes.

Das Zufällige dieses „Trouvé" verwandelt sich durch den aufmerksamen Blick der Künstlerin in eine reiche Komposition aus Linien und Flächen, aus Tupfen und Aussparungen, aus Zeichnungen und Verwischungen. Diese Vielschichtigkeit macht den besonderen Reiz von Krellas Arbeiten aus. Lesbarkeit und Verfremdung, Übermalung und Abbildung gehen hier Hand in Hand. Krellas präziser fotografischer Blick verwandelt das Alltägliche. Auf einmal wird das Zufällige zum Bestimmten, wird das Flüchtige im dauerhaften Medium der Fotografie gebannt und bewahrt dort dennoch ein Geheimnis. Zugleich umschwebt Krellas Fotografien eine heitere Note, eine Poesie des Augenblicks. Es ist der Zauber einer ernsthaften Leichtigkeit, in dem der Moment der Ewigkeit zärtlich die Hand reicht, um seine Aura zu entfalten.
Doch damit noch nicht genug. Mit den Spiegelungen öffnet sich die Fläche der Glasscheibe gleich mehrfach in den Raum. In eine Welt hinter den Scheiben und eine davor. In eine Spiegelwelt der Straße und eine geschützte Innenwelt. So erweisen sich die weiß gestrichenen Glasscheiben einerseits selbst als gestaltete Objekte und beschreiben anderseits eine ambigue Grenze, auf der sich die Bildebenen überlagern. Ausblick, Einblick und deren Vermeidung fallen in eins.

Mit den Spiegelbildern eröffnet sich ein neuer Kosmos der Assoziationen. In der Fassade des Hauses auf der gegenüberliegenden Straßenseite finden sich jene Fenster und Gesimse, die wir bei der genauen Adressangabe vielleicht auf den Fotografien erwartet hätten. Doch sie sind durch die Spiegelung leicht verwischt, bleiben fließend, unscharf. Parkierte Autos und Verkehrszeichen mischen sich in die Spiegelungen. Eine Ahnung von Stadt und Alltag erwächst. Wir fassen Zutrauen in das, was wir sehen.

Aber Achtung.
Alles ist seitenverkehrt.
Wo eigentlich stehen wir?
Und können wir dem, was wir sehen, wirklich trauen?
Ganz im Gegensatz zu den reichen Zeichnungen auf der Scheibe und den Spiegelungen stehen die spärlichen Einblicke, die sich in das Ladengeschäft bieten. Geheimnisvoll verschlossen erscheint der Raum hinter der Scheibe. Nur vage ist er zu ermessen. Eine Andeutung. Immerhin, auf einigen Fotografie ist eine Leiter zu erkennen und wir verstehen: Travaux en cours. Doch diese Arbeiten finden nicht nur in dem geheimnisvoll umkapselten Raum hinter dem Glas statt. Schauend werden auch wir Teil dieser Arbeit, indem wir uns die Spuren und Schichten in Krellas Fotografien nach und nach erschließen.

Immer wieder begegnet uns auch das Bildnis der Künstlerin selbst. Mal verschwindend wie ein flüchtiger Schatten. Mal erkennen wir ihren Umriss präziser. Doch stets bleibt eine schemenhafte Unschärfe bestehen, die sich als eines der Leitmotive durch diese Fotoserie zieht. Zugleich öffnen sich mit den Themen „Bildnis" und „Fenster" weitere Kapitel in Krellas so verdichteter wie überraschender Bildwelt. Beide Motive begleiten die abendländische Kunstgeschichte seit der Renaissance. Ihre Essenz finden sie in Jan van Eycks „Arnolfini-Hochzeit" von 1443. Dort verbindet sich das seitlich angeordnete Fenster als Lichtquelle des Bildes, das zugleich als Öffnung zur Welt und Weitung des Raumes dient, mit der Spiegelung des (Doppel-)Bildnisses an der Rückwand des Bildraumes. Vierhundert Jahre später hat Caspar David Friedrich das Doppelmotiv aus „Bildnis" und „Fenster" für die Romantik neu formuliert. Eine weibliche Rückenansicht wird von einem träumerischen Blick aus dem Fenster in die Tiefen des Raums begleitet. Ist es ein Zufall, dass Friedrichs Gemälde „Frau am Fenster" am Dresdener Terrassenufer entstanden ist (ehemals An der Elbe 26), der Geburtsstadt Krellas?

Krellas Fotografien fangen einen scheinbar flüchtigen Moment im sommerlichen Paris ein und fußen zugleich auf dem Wissen um die Fortdauer künstlerischer Tradition. Das Ephemere in ihren Fotografien ist also keineswegs zufällig, sondern das Ergebnis ihres genauen Blicks, ihrer Weltwahrnehmung. Erst die präzisen Kompositionen,

die sich in den streng angelegten Bildausschnitten zeigen, eröffnen den Betrachtern den Raum für deren vielschichtige Rezeption ihrer Arbeit. Nichts an Krellas Fotografien ist beliebig. Doch alles bleibt offen für die Blicke der Betrachter.
Krellas Fotografien sind Angebote, die Welt, ihre Störungen und ihre Kompositionen wie in einem Vexierbild zu erforschen. Sich die Schichten der Wirklichkeit und ihrer Zufälle spielerisch lustvoll anzueignen, um das Gesehene in den Kosmos der eigenen Kunst- und Welterfahrung einzufügen. Damit führen ihre Arbeiten bis zu den Ursprüngen der Fotografie ins Paris vor rund 200 Jahren zurück, als der Moment begann, Ewigkeit zu gewinnen. Dieser komplexe Prozess gewinnt durch die Aufnahme mit dem Handy eine aktuelle Facette. Steigert die Handyfotografie doch die Illusion des anscheinend jederzeit Verfügbaren, das durch die Komplexität der Erzählung in Krellas Fotografien jedoch subtil in Frage gestellt wird. So laden Krellas Fotografien dazu ein, durch die Kompositionen zu flanieren, sie zu entdecken, zu schauen, um sich immer tiefer auf die vielschichtigen Spuren des Moments einzulassen. Wer sich so der Poesie ihrer Arbeiten anheimgibt, dem eröffnen sie ihre eigene Aura.

Jürgen Tietz

Travaux en cours

9 Rue de l'Université – PARIS.
Indication précise du lieu.
Un immeuble, une rue, une ville.
9 Rue de l'Université – PARIS.
C'est le titre que Frizzi Krella donne à sa série de photos parisiennes. Si nous le lui demandions, nous connaîtrions sans problème l'année, le jour, et même l'heure exacte de chaque prise de vue. Mais si précise fût-elle, aucune de ces indications ne nous aiderait à entrer vraiment dans le travail subtil de Frizzi Krella.
Une journée claire. La photographe déambule dans cette rue de Paris. Elle flâne le long d'une rangée d'immeubles, s'arrête. Une boutique est en cours de rénovation. Pendant les travaux, les vitrines sont peintes en blanc à l'intérieur pour éviter les regards indiscrets provenant de la rue. Mais cette interdiction tacite se renverse pour Frizzi Krella en tentation du fait des lacunes et des défauts de la peinture blanche. La banalité de la façade vitrée se transforme pour elle en miroir de l'instant, en composition de

l'éphémère. En saisissant ce moment dans ses photographies, elle le dépasse déjà. Mais ce n'est pas tout. Dans ses photographies, les traces de peinture blanche prennent leur autonomie.
On y voit les aplats blancs du pinceau sur les vitres. Mais aussi des traces éparses de peinture sur les baies vitrées. Certaines lignes se perdent. D'autres ont été effacées. Sur certaines zones peintes sont dessinées des figures abstraites. Des bordures recouvertes d'adhésif bleu pâle et clair créent un cadre censément précis, affirment une géométrie, entourent les vitres sur les côtés et font pourtant partie de l'image.

Ces trouvailles aléatoires se transforment, sous le regard attentif de l'artiste, en une riche composition de lignes et de surfaces, de taches et de réserves, de dessins et d'estompages. C'est cette complexité qui fait le charme particulier des travaux de Frizzi Krella. Lisibilité et distanciation, recouvrement et représentation vont ici de pair. Le regard photographique précis de Frizzi Krella métamorphose le quotidien. Soudain, le hasard devient déterminé, l'éphémère se fige dans le médium durable de la photographie tout en y gardant son secret. En même temps, les photographies de Frizzi Krella sont empreintes d'une note de gaieté, d'une poésie de l'instant. C'est la magie d'une légèreté sérieuse, dans laquelle l'instant tend délicatement la main à l'éternité pour déployer son aura.
Mais ce n'est pas tout. Avec les reflets, la surface de la vitre s'ouvre multiplement sur l'espace. Sur un monde derrière les vitres et sur un autre devant. Sur un monde miroir de la rue et sur un monde intérieur protégé. Ainsi, les vitres peintes en blanc apparaissent elles-mêmes comme des objets structurés, et représentent par ailleurs une frontière ambiguë où les plans de l'image se superposent. Regards du dehors, regards du dedans et tentatives d'y faire obstacle ne font qu'un.

Avec les reflets s'ouvre un nouvel univers d'associations. Sur la façade de l'immeuble qui se dresse de l'autre côté de la rue se trouvent les fenêtres et les corniches que nous nous serions peut-être attendus à voir sur les photographies compte tenu de l'adresse précise indiquée. Elles sont toutefois légèrement estompées par le reflet, elles restent fluides, floues. Des voitures en stationnement et des panneaux de signalisation se mêlent aux reflets. Une idée de la ville et du quotidien émerge. Nous prenons confiance en ce que nous voyons.

Mais attention !
Tout est à l'envers.
Où sommes-nous au juste ?
Et pouvons-nous vraiment avoir confiance en ce que nous voyons ?
La richesse des dessins sur la vitre et les reflets contrastent avec le peu que l'intérieur du magasin permet d'apercevoir. Derrière la vitre, l'espace semble mystérieusement clos. On ne peut en avoir qu'une vague appréciation. Une suggestion. Et pourtant, sur certaines photos une échelle est visible, et nous comprenons : travaux en cours. Mais ces travaux n'ont pas seulement pour cadre l'espace mystérieusement encapsulé derrière la vitre. Par notre regard, nous devenons nous aussi une partie de ce travail, en découvrant peu à peu les traces et strates des photographies de Frizzi Krella.

Et nous ne cessons de croiser le portrait de l'artiste même. Qui disparaît parfois comme une ombre fugace. Dont nous distinguons parfois plus nettement la silhouette. Mais il subsiste toujours un flou fantomatique, l'un des leitmotivs traversant cette série de photographies. En même temps, les thèmes du « portrait » et de la « fenêtre » ouvrent d'autres chapitres dans l'univers visuel aussi condensé que surprenant de Frizzi Krella. Ces deux motifs accompagnent l'histoire de l'art occidental depuis la Renaissance. Ils trouvent leur essence dans *Les Époux Arnolfini*, peinture de Jan van Eyck datée de 1443. La fenêtre latérale, source de lumière du tableau, qui sert à la fois d'ouverture sur le monde et d'élargissement de l'espace, est reliée au reflet du (double) portrait apparaissant sur le mur situé au fond de l'espace pictural. Quatre cents ans plus tard, Caspar David Friedrich reformule pour le romantisme le double motif du « portrait » et de la « fenêtre » : une femme vue de dos, une fenêtre ouverte, et un regard rêveur nous entraînant dans la profondeur de l'espace. Est-ce un hasard si le tableau de Friedrich *Femme à la fenêtre* a été peint depuis la terrasse des bords de l'Elbe, à Dresde, ville natale de Frizzi Krella ?

Les photographies de Frizzi Krella captent un moment en apparence fugace dans le Paris estival, tout en s'appuyant sur une connaissance de la continuité de la tradition artistique. Dans ses photographies, l'éphémère n'est donc aucunement le fruit du hasard, il est le résultat de son regard précis, de sa perception du monde. Seules les compositions précises qui se manifestent dans les cadrages

rigoureux de l'artiste ouvrent aux spectateurs l'espace leur permettant une réception complexe de son travail.
Rien n'est arbitraire dans les photographies de Frizzi Krella. Mais tout reste ouvert aux regards des spectateurs.
Les photographies de Frizzi Krella nous proposent d'explorer le monde, ses perturbations et ses compositions comme dans un image à double sens. De nous approprier de manière ludique et joyeuse les strates de la réalité et de ses hasards pour intégrer ce que nous voyons dans l'univers de notre expérience de l'art et du monde. Son travail renvoie ainsi jusqu'aux origines de la photographie dans le Paris d'il y a environ 200 ans, lorsque l'instant a commencé à gagner en éternité. La prise de vue avec un téléphone portable donne une dimension actuelle à ce processus complexe. De fait, la photographie sur téléphone portable accroît l'illusion de l'apparente disponibilité permanente des choses, disponibilité subtilement remise en question par la complexité de ce que racontent les photographies de Frizzi Krella.
Les photographies de Frizzi Krella nous invitent ainsi à flâner à travers les compositions, à les découvrir, à les regarder, pour pénétrer de plus en plus les traces complexes de l'instant. À qui s'abandonne de la sorte à leur poésie, les travaux de Frizzi Krella révèlent leur aura.

Jürgen Tietz

Travaux en cours

9 Rue de l'Université – PARIS.
A precise address.
A house, a street, a city.
9 Rue de l'Université – PARIS.
This is the name Frizzi Krella gives her photo series. Were we to ask, we would easily find out the year, the day, in fact the very minute each shot was taken. However, none of these absolutely precise details would help us get any closer to fathoming Krella's subtle image.
On a bright day, the photographer drifts down the Parisian street. She wanders along a line of houses, pauses. A store is being modernized. During the construction work the display windows are painted white from the inside to avert any inquisitive gazes from the street. However, for Krella, owing to the gaps left unpainted and the scratches in the white coat, this indirect prohibition actually amounts to a temptation. For her, the everyday character of the window frontage morphs into a mirror of the moment, into a composition of the ephemeral. By grasping this moment with

her photographs, she has already gone beyond it. Indeed, in her photographs the traces of the white paint develop a life and an autonomy of their own.
There are flattish white brushstrokes on the windowpanes. And individual traces of paint can also be seen on the window fronts. Some of the lines have tapered off into drips. Abstract figures have been drawn into some of the color fields. There are some edges that have been masked off with tape in bright light blue. They generate a purportedly precise frame, introduce geometry, bracket the panes at the sides, and yet form part of the image.

Under the watchful eye of the artist, the chance nature of this "trouvé" morphs into a rich composition of lines and surfaces, of dots and empty spaces, of drawings and blurrings. This multi-faceted aspect is what makes Krella's works so fascinating. Legibility and alienation, overpainting and representation: Here they all go hand in hand. Krella's precise photographic eye transforms what is otherwise an everyday occurrence. Suddenly, the incidental becomes carefully defined, the fleeting is captured in the permanent medium of photography and yet while preserved there still hides a secret. At the same time, Krella's photographs are imbued with a joyful touch, a poetry of the moment. It is the magic of serious lightness, when the moment of eternity tenderly reaches out its hand, and its aura emerges before our eyes.
Yet things go further. With its reflections, the surface of the pane of glass opens out onto the space at several levels. Onto a world behind the panes and one in front of them. Onto a mirror world of the street and onto a protected interior world. In this way, the windowpanes painted white show themselves to be designed objects and at the same time describe an ambiguous dividing line along which the images overlap. Look outward, look inward, and avoid both – all three coincide.

A new world of associations arises with the mirror images. In the façade of the house on the other side of the street we can discern those windows and sills that we would perhaps have expected on the photograph if we had known the exact address. However, they are slightly blurred by the reflection, remain in flux, unclear. Parked cars and traffic signs intrude into the reflections. An intimation of city and everyday life arises. We start to feel confident in what we are seeing.

But beware.
Everything is the wrong way round.
Where are we actually standing?
And can we really trust what we see with our own eyes?
The sparse views inwards of the store are in strong contrast to the rich drawings on the glass and the reflections. The space behind the pane seems mysteriously closed. It can only be gauged vaguely. An intimation. On some photos one can at least discern a ladder and we can understand: Travaux en cours. However, this work is not only taking place in the mysterious capsule space behind the glass. As viewers, we become part of this project by gradually identifying the traces and strata in Krella's photographs.

We repeatedly encounter the portrait of the artist herself. In some images disappearing like a fleeting shadow. In others we can discern her outline more clearly. Yet there is always a hazy lack of clarity, something that runs like one of the common threads through this photo series. At the same time, topics such as "portrait" and "window" create additional chapters in Krella's concentrated and surprising pictorial world. Both themes have been part of western art history since the Renaissance. Their essence is to be found in Jan van Eyck's Arnolfini Portrait of 1443. There, the window to one side, which constitutes the source of light for the picture and at the same time serves as the opening onto the world and the expansion of the room, combines with the reflective (double) portrait on the back wall of the pictorial space. Four hundred years later Caspar David Friedrich found a new way of formulating the dual motif of "portrait" and "window" for Romanticism. A view of a woman's back is accompanied by the dreamlike view from a window into the depths of the pictorial space. Is it a coincidence that Friedrich painted his "Frau am Fenster" on the riverside at Dresdener Terrassenufer (formerly An der Elbe 26), Krella's hometown?

Krella's photographs capture a seemingly fleeting moment in a summery Paris and are also based on a knowledge of the continuation of an artistic tradition. In her images, the ephemeral is, in other words, by no means coincidental but instead the result of her careful eye, her perception of the world. It is the precise compositions, revealed by the stringent cropping of the images, that first create the space for viewers to receive her works at multiple levels.

Nothing about Krella's photographs is arbitrary. Yet everything remains open for the viewer's gaze.
Krella's photographs are offers to explore the world, its disruptions, and her compositions like a puzzle. To playfully and joyfully appropriate the layers of reality and its coincidences in order to insert what you have seen into the cosmos of your own experience of art and the world. In this way, her pieces take us back to the origins of photography in Paris some 200 years ago, to when the moment started to gain eternity. This complex process is given a contemporary twist by virtue of the fact that the images are made using a smartphone. For smartphone photography intensifies the illusion of things seemingly being accessible at all times, something that the complexity of Krella's photographic narrative, however, subtly questions.
Thus, Krella's photographs encourage us to wander through compositions, to discover them and to gaze in order to immerse ourselves ever deeper in the multifold traces of the moment. Whoever gives themselves over to the poetry of her works in this way will uncover their very special aura.

Jürgen Tietz

Frizzi Krella, Kunsthistorikerin, Autorin und Fotografin, wurde 1970 in Dresden geboren. Sie wuchs im geteilten Berlin auf, fotografierte seit ihrer Kindheit, durchlief die Zeiten der Dunkelkammer und reiste nach dem Fall der Mauer in nahe und ferne Welten. Sie studierte Kunstgeschichte, Archäologie und romanistische Literatur- und Sprachwissenschaften in Berlin und Paris.
Schauend und fotografierend flaniert Krella durch Stadt und Natur. Ihr fotografischer Blick durchdringt Wasser, Luft und Erde, verwandelt Reales in Bilder. Strukturen und Linien, Haptisches und Sinnliches werden mit großer Leichtigkeit unmittelbar visuell erfahrbar. Sie zeichnet Gedankenwege nach und legt Erinnerungspuren frei. So eröffnet sie ein Universum, das dazu einlädt, sich darin zu verlieren und gleichsam wiederzufinden.

Frizzi Krella, historienne de l'art, auteure et photographe, est née à Dresde en 1970. Elle a grandi dans le Berlin divisé, a pris des photos dès son enfance, a vécu des moments dans la chambre noire et, après la chute du mur, a voyagé dans des mondes proches et lointains. Elle a étudié l'histoire de l'art, l'archéologie, la littérature romane et la linguistique à Berlin et à Paris.
En regardant et en photographiant, Krella se promène dans la ville et dans la nature. Son regard photographique capture l'eau, l'air et la terre, transformant la réalité en images. Ainsi, les structures et les lignes, les qualités tactiles et sensuelles deviennent directement traduites visuellement avec un sentiment de facilité. Dans son travail, elle note les chemins de la pensée et expose les traces de la mémoire. Ce faisant, elle ouvre un univers qui invite le spectateur à s'y perdre et, simultanément, à s'y retrouver.

Frizzi Krella, art historian, author and photographer, was born in Dresden in 1970. She grew up in divided Berlin, took photographs since her childhood, went through times in the darkroom and after the fall of the Wall, she travelled to worlds near and far. She studied art history, archaeology, Romance literature and linguistics both in Berlin and Paris.
Looking and photographing, Krella strolls through city and through nature. Her photographic gaze captures water, air and earth, transforming reality into images. Thus, structures and lines, tactile and the sensual qualities become directly visually translated with a sense of ease. In her work, she notes paths of thought and exposes traces of memory. By doing so, she opens up a universe that invites the viewers to lose themselves in it and, concurrently, to find themselves again.

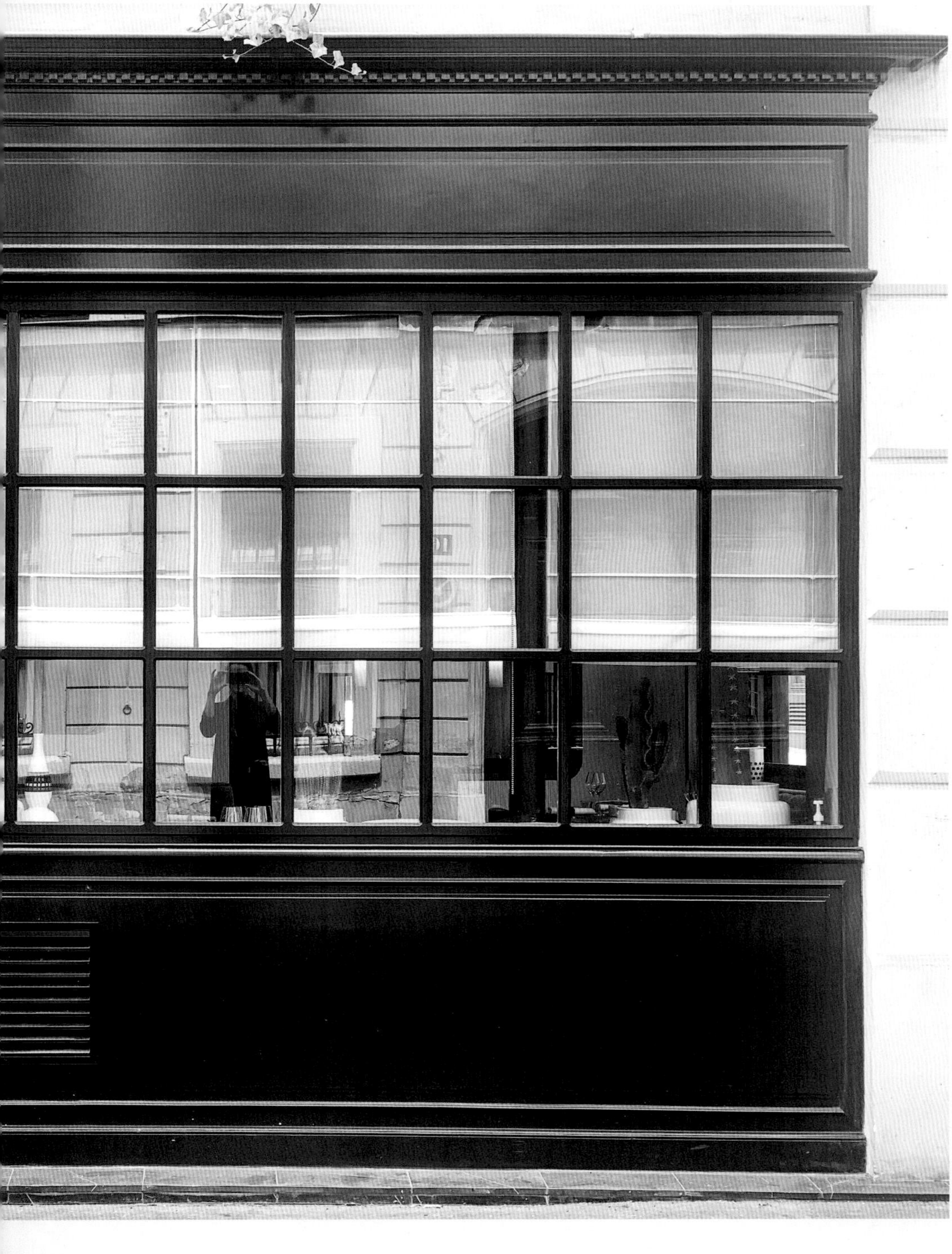

PARIS, 9 Rue de l'Université
Nach / après / after LES TRAVAUX

Die fotografische Serie *PARIS, 9 Rue de l'Université* entstand im Juni 2021 in Paris.
The photographic series *PARIS, 9 Rue de l'Université* was realised in Paris in June 2021.
La série photographique *PARIS, 9 Rue de l'Université* a été réalisée en juin 2021 à Paris.

Fotografien / Photos /Photos:
Frizzi Krella

Texte / Texts / Textes:
Jürgen Tietz

Grafik / Design / Conception Graphique:
Anja Matzker

Bildbearbeitung / Traitement des images / Image Processing:
Andreas Gebhardt

Übersetzung / Translations / Traductions:
François Mortier, Jeremy Gaines

Projektmanagement / Project management / Organisation du Projet, Kerber Verlag:
Lydia Fuchs

Herstellung / Production / Fabrication, Kerber Verlag:
Jens Bartneck

Kerber Verlag
Detmolder Straße 60
33604 Bielefeld
Germany
+49 521 950 08 10
+49 521 950 08 88 (F)
info@kerberverlag.com
kerberverlag.com

ISBN 978-3-7356-0951-9

www.kerberverlag.com

Printed in Germany

Kerber-Publikationen werden weltweit vertrieben / Kerber publications are distributed worldwide / Kerber publications sont distribués dans le monde entire:

ACC Art Books
Sandy Lane
Old Martlesham
Woodbridge, IP12 4SD
UK
+44 1394 38 99 50
+44 1394 38 99 99 (F)
uksales@accartbooks.com
accartbooks.com

Artbook | D.A.P.
75 Broad Street, Suite 630
New York, NY 10004
USA
+1 (212) 627-1999
+1 (212) 627-9484 (F)
orders@dapinc.com
artbook.com

AVA Verlagsauslieferung AG
Centralweg 16
8910 Affoltern am Albis
Switzerland
+41 44 762 42 50
+41 44 762 42 10 (F)
avainfo@ava.ch

Zeitfracht Medien GmbH
Distribution
Germany
+49 711 7860 2254
bestellung@zeitfracht.de

Die Deutsche Nationalbibliothek verzeichnet diese Publikation in der Deutschen Nationalbibliografie: dnb.de. / The Deutsche Nationalbibliothek lists this publication in the Deutsche Nationalbibliografie: dnb.de. / Cette publication est répertoriée dans la Bibliographie de la Bibliothèque nationale allemande: dnb.de.